Jan Mayen
Polar Kreis
ATLANTISCHER OCEAN
ISLAND
Nord Viertel
Ost Viertel
Süd Viertel
West Viertel
Faer-Öer
Suderöe
Shetland Inseln
Orkney Inseln
SCHOTTLAND
IRELAND
Dublin
Irelandische See
ENGLAND
Edinburgh
Liverpool
Manchester
Birmingham
LONDON
S. Georgs Canal
NORD SEE
Lofodden Iⁿ
Christiansund
Drontheim
CHRISTIANIA
Bergen
Stavanger
Christiansand
Skager Rack
Kattegat
DÄNEMARK
Seeland
Fünen
KOPENHAGEN
Bornholm
Holstein
Hamburg
Bremen
HANNOVER
NIEDER-LANDE
Amsterdam
BERLIN
Stettin
Danzig
Königsberg
Pommern
Preussen
Stockholm
STOCKHOLM
Upsala
Gefle
GÖTALAND
Gottland
Öland
Kalmar
Carlskrona
Göteborg
Bottnischer Busen
Finnischer Busen
Åland Iⁿ
Abo
Helsingfors
ST PETERSBURG
St Petersburg
Esthland
Liefland
Kurland
Riga
Kowno
Wilno
Witebsk
Pskow
Minsk
Grodno
Plock
Warschau
Posen
Ladoga See
Das weisse Meer
Halbinsel Kola
Tornea
Uleåborg

BILDFOLGE von Oslo nach Spitzbergen
CONTENTS from Oslo to Spitzbergen
CONTENU de Oslo à Spitzbergen

Naturpanorama

NORWEGEN

ZIETHEN-VERLAG
D-5000 Köln 50, Unter Buschweg 17

1. Auflage 1992

Gesamtherstellung:
ZIETHEN-Farbdruckmedien GmbH
D-5000 Köln 50, Unter Buschweg 17
Telefon (0 22 36) 6 10 28

Printed in Germany

Redaktion und Buchgestaltung: Horst Ziethen
Redaktioneller Berater: Gerold Jung
Textautor: Gerold Jung
Englisch-Übersetzung: Gwendolen Freundel
Französisch-Übersetzung: France Varry

ISBN 3-921268-74-5

Bildnachweis auf der letzten Seite

Gerold Jung

Naturpanorama NORWEGEN

Fotografie:
Gerold Jung
Fridmar Damm
Aune Forlag AS
und andere

Ziethen Verlag
ZIETHEN-VERLAG

Gerold Jung

Oslos Museen: Geschichte zum Anfassen

Land der Wälder und Fjorde, der Berge, Gletscher und Seen, der wildschäumenden Lachswässer, der unendlichen Tundren. Wo sonst in Europa befindet sich der Mensch noch so im Einklang mit der Natur, wo ist er Meer, Regen, Kälte, Erdmagnetismus mehr ausgesetzt als im hohen Norden Skandinaviens.

Norwegen mißt von Süd nach Nord 1752 Kilometer Luftlinie, dabei ist der Nordteil schmal wie ein Handtuch. Bei Narvik bleibt zwischen Atlantikküste und schwedischer Grenze nur ein kleiner Streifen von 6,3 Kilometern Breite. Erstaunlich auch der 2650 Kilometer lange Küstenverlauf Norwegens. Rechnet man alle Buchten und Fjorde, von denen manche bis zu 180 Kilometer lang sind, genau aus, so kommt man auf eine Küstenlinie von 21347 Kilometern, das entspricht fast dem halben Erdumfang.

Norwegen gilt nicht nur als Land der Mitternachtssonne, als Heimat der Wikinger, als Weideland der Rentiere, in Norwegen haben Wissenschaft und Künste hohes Niveau, hier lebten die Dramatiker Henrik Ibsen, Knut Hamsun, der Musiker Edvard Grieg, hier schufen Künstler wie Edvard Munch und Gustav Vigeland ihre eigenwilligen Werke.

Von den geschützten Fjordhäfen starteten norwegische Seefahrer zu verwegenen Entdeckungsfahrten. Der Wikinger Leif Erikson überquerte den Nordatlantik und erreichte Amerika 500 Jahre vor Columbus. Die Polarforscher Fridtjof Nansen und Roald Amundsen fuhren von Norwegens Eismeerhäfen in die unbekannte und gefährliche Welt des Packeises von Nord- und Südpol. Thor Heyerdal rekonstruierte in seinem Osloer Institut die Besiedlung der Südsee von Südamerika aus, baute ein Floß aus Balsaholz und fuhr mit seiner Kon-Tiki von Peru aus über den Pazifik zu den 8000 Kilometer entfernten Osterinseln. In einer zweiten Expedition überquerte er mit einem einfachen Papyrusboot, mit der Ra II, den Atlantik von Marokko bis nach Barbados. Er wollte damit beweisen, daß nordafrikanische Kulturen wie die Ägypter durchaus in der Lage waren, ihre Pyramidenkultur bis in den Golf von Mexiko zu bringen.

Auf der Osloer Museumsinsel Bygdøy ist so ziemlich alles ausgestellt, was für die Seefahrer-Nation Norwegen von Bedeutung ist: Zunächst einmal die Wikingerschiffe im Museum Vikingskipene. Die drei, mit feiner Schnitzarbeit geschmückten Boote aus dem 9. Jahrhundert, wurden aus Grabhügeln rund um den Oslofjord ausgebuddelt. Sie befuhren niemals Meere, sondern dienten Mitgliedern von Fürsten- und Königsfamilien als Totenschiffe auf ihrer letzten Fahrt nach Walhalla. Die Schiffe wurden zusammen mit Grabbeigaben von einer Tonschicht bedeckt und haben sich so bis in unsere Zeit erhalten.

Nur wenige Meter von hier entfernt befinden sich das Norwegische Seefahrts- und Fram-Museum. Hier liegen alle Arten von Yachten, Walfangbooten, Lastschiffen vor Anker, Hauptattraktion sind die berühmten Polarschiffe Gøa und Fram, Expeditionsboote, mit denen die Polarforscher Nansen und Amundsen zum Nord- und Südpol aufbrachen. Kein anderes Schiff drang zuvor so weit nach Norden, so weit nach Süden in die Antarktis vor wie die Fram.

Wer an der Geschichte Norwegens, speziell an den Wikingern interessiert ist, dem bietet das Historisk Museum (an der Universität) eine wahre Fundgrube von Exponaten: Alter Schmuck, Bernsteinfiguren, historische Münzen, Töpferwaren, Äxte, Schwerter, Fischfanggeräte. Auf Schautafeln sieht der Besucher, wie die ersten Menschen um 6000 v. Chr. nach Skandinavien einwandern, als die Gletscher der letzten Eiszeit zu schmelzen beginnen. Indogermanische Stämme kommen aus zwei Richtungen, aus dem Osten – diese ziehen in die Finnmark – und aus dem kontinentalen Europa, diese siedeln sich im Süden von Norwegen und Schweden an.

Um 800 n. Chr. beginnt die Zeit der Wikinger, die für 500 Jahre Europas Küsten und Flüsse unsicher machen und mit ihren Langbooten das Eismeer befahren, Island, Grönland, Nordamerika entdecken. Im späten Mittelalter beobachten wir eine Rückwanderung von germanischen Stämmen (Goten, Burgunder, Normannen) nach Mitteleuropa, wo sie erfolgreiche Fürstentümer bilden. Um das Jahr 900 n. Chr. gründet der Wikinger Harald Hårfagre das erste Großreich „Nordvegr"- Land am Nordweg, das bis zum 14. Jahrhundert das Gebiet des heutigen Norwegens und Teile Schwedens umfaßt. Dann bricht die Pest aus und entvölkert das ohnehin nur schwach besiedelte Land so sehr, daß es sich für Jahrhunderte von dieser Katastrophe nicht mehr erholt. Norwegen gerät abwechselnd mal unter dänische, mal unter schwedische Herrschaft. Erst im 19. Jahrhundert erhält Norwegen seine Selbstständigkeit zurück.

Am Eindrucksvollsten nähert man sich der norwegischen Hauptstadt vom Wasser aus. Auf dem hohen Bug eines Fährschiffes durchqueren die Passagiere den 100 Kilometer langen Oslofjord mit seinen Küstenwäldern, seinen Sand- und Kieselstränden, seinen im Schilf versteckten Landsitzen bis die Skyline von Oslo sichtbar wird. Eingebettet in sanfte Hügel, überragt von der markanten Silhouette der Holmenkollen-Sprungschanze grüßen die grünen Kupferdächer der Kirchen und Regierungsgebäude, die wimpelgeschmückte Uferpromenade, die Glasfassaden der Bürotürme. Aus dem Gewirr der Schiffe und Hafengebäude löst sich schließlich der strenge Klinkerbau des Rathauses, ein vielumstrittener Steinklotz im Stil der Vierzigerjahre mit seinen beiden unterschiedlich hohen Türmen – das Wahrzeichen Oslos. Es wurde 1950 zur 900-Jahr-Feier der Stadt eingeweiht und birgt in seinem Inneren eine Fülle von zeitgenössischen Kunstwerken, an denen 28 norwegische Künstler fast 20 Jahre lang arbeiteten. Das große Gemälde in der Halle stellt Norwegen, seine Menschen, seine Arbeit, seine Feste dar. Die Fresken und Reliefs am Rathaus zeigen Szenen Norwegens bewegter Mythologie.

Dem Rathaus gegenüber liegt die Hafenfestung Schloß Akershus, um 1300 von König Håkon V. erbaut. Überreste dieser mittelalterlichen Burg befinden sich im Nord- und Westflügel. Nach einem verheerenden Brand im 17. Jahrhundert wurde die düstere Hafenbefestigungsanlage in ein nordisches Renaissanceschloß umgewandelt. Die gesamte Außenanlage und einige Renommierräume stehen zur Besichtigung offen, die Prunksäle werden für offizielle Feierlichkeiten und Staatsempfänge reserviert.

Im Sommer entfaltet sich auf dem Hafenkai eine fast südländische Atmosphäre. Yachten und Ausflugsdampfer entladen heiter gestimmte Urlauber, Oslos Jugend genießt die wärmenden Sonnenstrahlen in Freiluftcafés, Gaukler und Musikanten unterhalten ihr Publikum vor Hafenlokalen. Akrobaten und Pantomime zeigen ihre Kunststücke zwischen Akershus und Aker Brygge. Die ehemalige Maschinenfabrik Akers mechaniske Vaerksted wurde vor einigen Jahren in ein modernes Einkaufs- und Kulturzentrum umgewandelt mit schicken Boutiquen, originellen Bistros, nordisch gestylten Restaurants, mit Konzertsälen, Theatern, Kinos und Discos, ein Gewinn für die Stadt.

Oslo mit nicht einmal einer halben Million Einwohnern ist eine beschauliche und überschaubare Metropole. Von der Fläche her nimmt Norwegens Hauptstadt mehr Raum ein als jede andere europäische Metropole. Jeder Einwohner hat also viel Platz zum Leben und Arbeiten. Das bedeutet Lebensqualität. Die meisten Sehenswürdigkeiten der Innenstadt befinden sich in Fußgängerdistanz, zwischen königlichem Schloß und Zentralbahnhof. Die Karl-Johans-Gate, die Hauptgeschäftsstraße Oslos verbindet beide Punkte. Sie ist gespickt mit luxuriösen Geschäften, mit den Büros der Schiffahrts- und Fluglinien, mit Hotels und Restaurants. In einem davon, im Grand Hotel Café, pflegte Henrik Ibsen seinen Nachmittagstee zu trinken. Vom Balkon der Ibsensuite des „Nobel Hotels" blickt man über die Hafenbucht Pipervika.

Über die Prachtstraße promenieren auffallend viele hübsche, blonde, junge Norwegerinnen, Studentinnen der Universität, die sich am oberen Ende der Karl-Johans-Gate befindet. Das untere Drittel der Renommierstraße ist den Politikern vorbehalten. Hier befindet sich das Storting, das Parlament.

Kulturfreunde können in Oslo eine Fülle wichtiger Sammlungen besuchen wie die Nationalgalerie mit Hauptwerken skandinavischer Maler und europäischer Impressionisten, bemerkenswert auch die Sammlung von El Greco. Das Naturhistorische Museum vermittelt einen Überblick über Norwegens geologischen Aufbau, seine erdgeschichtliche Entstehung, seine Flora, seine Fauna.

Im Edvard Munch Museum (Tøyengate 53) ist das Gesamtwerk des bedeutendsten norwegischen Malers zu sehen (1863 bis 1944). Er vermachte seiner Heimatstadt 1100 Gemälde, 4500 Zeichnungen, 18000 Graphiken und 6 Skulpturen. Freilich kann man diese große Sammlung nicht auf einmal zeigen und so werden Themenausstellungen aus seinem Werk zusammengestellt.

Kontrastprogramm zu den Bildern des expressionistischen Künstlers, der seine Angst, seine Wut in die Welt hinausschrie (z.B. mit dem Gemälde „der Schrei" 1893) ist der sinnesfrohe Frognerpark mit 650 Plastiken von Gustav Vigeland (1869 bis 1943). Inmitten eines gepflegten Parks erhebt sich auf einem Hügel ein Figurenzyklus gekrönt von einer 17 Meter hohen phallischen Säule, zu der sich 121 Menschenleiber türmen. Werden und Vergehen des Menschenlebens ist das allgegenwärtige Thema Vigelands.

Südnorwegen: Vom Skagerrak zum Predigtstuhl

Wir verlassen die Metropole in südlicher Richtung über die Europastraße Nr.18 (Stockholm-Oslo-Stavanger). Im dichten Verkehrsfluß gleiten wir vom Osloer Rathausplatz durch Wald- und Wiesenlandschaft zum Hafen nach Drammen, einem wichtigen Import- Exportumschlagplatz. Sehenswert in diesem 50000 Einwohner großem Städtchen ist eigentlich nur die „Spirale", ein spindelförmig in den Berg getriebener Steinbruch, der Material für den Straßenbau liefert. Im Laufe der Zeit entstand ein 1650 Meter langer unterirdischer Tatzelwurm, der zu einem 200 Meter hohen Aussichtspunkt führt.

Von Drammen verläuft die Straße am Oslofjord entlang nach Larvik, Norwegens wichtigster Holzhafen und zugleich ein Heilbad, in dem das einzige Mineralwasser des Landes in Flaschen abgefüllt wird. Auf diesem Streckenabschnitt stoßen wir überall auf Zeugen einer bewegten Geschichte, auf Grabhügel aus der Wikingerzeit, Monumente aus der Bronze-, aus der Eisenzeit, auf Gräber aus Steinblöcken, die wie Schiffe zusammengesetzt sind. Wir befinden uns im Ursprungsland der Goten, die – aus welchen Gründen auch immer – von hier auswanderten und große Teile Europas besiedelten. Stavanger und Haugesund galten im Mittelalter um die Jahrtausendwende als Wikingerhochburgen. Von hier zogen die bärtigen Gesellen mit ihren schnellen Langschiffen übers Meer, nach England, Irland und Grönland (Eric der Rote), rund ums Nordkap nach Rußland, nach Sibirien. Sie ruderten aber auch die Flüsse Mitteleuropas hinauf, tauchten über Nacht vor Köln, vor Mainz auf, plünderten die ehemaligen Römerstädte und verschwanden mit ihrer Beute ebenso schnell wie sie gekommen waren. Im Jahre 840 segelten 67 Wikingerboote die Loire hoch, mitten ins Herz Frankreichs, fuhren auf der Seine bis nach Paris, brandschatzten und verbreiteten Angst und Schrecken.

Von den Kiesstränden am Skagerrak bis zum nordisch-alpinen Hochland zieht sich die Provinz Telemark hin, mal hügeliges Wiesen- und Weideland mit schwarzgescheckten Kühen, mal uraltes Bauernland, im Sommer Urlaubsziel für Bergwanderer, im Winter Paradies für Alpin-Skifahrer und Langläufer. Wintersportler wissen es längst: In Morgedal, in der Telemark, wurde um das Jahr 1800 der moderne Skilauf geboren. Der Bauer Sondre Nordheim erfand den „Telemark", jenen „eleganten" Stemmschwung, der heute im Zeichen der Nostalgie wieder Renaissance feiert.

An der Nordseeküste reiht sich ein Badeort an den anderen. In den weißgetünchten Holzhäusern mit roten Dächern, an den feinsandigen Sandstränden verbringen viele Skandinavier ihre Sommerferien z.B. in Grimmstad, wo Henrik Ibsen aufwuchs (Ibsen-Museum) oder in den Küstendörfern und Badeplätzen rund um Kristiansand, der Hauptstadt von Vest Agder mit sehenswertem altem Kern. Bei Mandal befindet sich Norwegens südlichster Punkt, das Kap Lindesnes, ganze 2518 Kilometer vom Nordkap entfernt (Seeweg).

Aus einer anderen Welt scheint Stavanger, Hauptstadt der Provinz Rogaland, zu stammen. Die modernen Steinbauten, Supermärkte, Spielhallen und Banken brachten der neureichen Stadt den Spitznamen „Dallas des Nordens" ein, denn mit den umfangreichen Ölfunden vor der Küste kam Wohlstand in das Fischerstädtchen, das zum Verwaltungs- und Versorgungszentrum für die Bohrinseln wurde. Gottseidank hat die historische Altstadt ihr Bild bewahren können mit den putzigen Häusern rund um den Marktplatz am Hafen, dem romanischen Dom aus dem 12. und 13. Jahrhundert. Von hier führen eine Reihe lohnenswerter Schiffsausflüge in die Fjord- und Inselwelt (Schären) und zum Naturdenkmal Prekestolen, was soviel heißt wie Predigtkanzel, ein 600 Meter hoher markanter Felsklotz, der über dem Lysefjord aufragt, als hätte ihn ein Riese mit einer überdimensionalen Axt zugehauen.

Bergen: Mit der Hanse kam der Wohlstand

Unsere Rundreise führt jetzt durch Westnorwegen, ins Land der tiefeingeschnittenen Fjorde, der hohen vergletscherten Berge. Bevor wir uns von diesem gewaltigen Naturschauspiel beeindrucken lassen, besuchen wir die Stadt Bergen, das Tor zum Fjordland, zweitgrößte Stadt Norwegens und niederschlagreichste dazu. Hier an den hohen Westflanken nahe der Nordseeküste regnen sich die Passatwolken das ganze Jahr über ab, was einerseits mildes, andererseits feuchtes Klima zur Folge hat. Bis ins 19. Jahrhundert war Bergen nur auf dem Wasserwege zu erreichen. Erst in unserer Zeit wurden die halsbrecherischen Paßstraßen, die Tunnel und Brücken über Hardangervidda und Fillefjell gebaut, die Bergen nun mit Oslo verbinden.

Im Jahre 1070 gründete König Olav Kyrre (Olav der Friedfertige) die Stadt Bergen, die ihren Höhepunkt erlebte, als die Hanse hier im 14. Jahrhundert Lagerhäuser baute und Handelskontore eröffnete. Bergen wurde zur größten und wichtigsten Stadt Norwegens, wurde Hauptstadt. Das Handelsprinzip der norddeutschen Kaufleute war einfach, sie brachten Salz, Getreide, Wein, Bier und tauschten dafür Fisch und Felle. Mit Hansa kam ein Hauch von „südlicher Kultur" und Weltoffenheit in die rauhe Fjordwelt.

Mehrere Feuersbrünste zerstörten die Holzhäuser der Stadt, doch die Tyske Brygge, das deutsche Viertel, wurde immer wieder im traditionellen Hansestil aufgebaut. In einem der Häuser ist heute das hanseatische Museum untergebracht. Weitere Sehenswürdigkeiten im Zentrum: Die mittelalterliche Festung Bergenhus, die den Hafen bewacht, der Fisch- und Blumenmarkt mit fast südländischem Flair, die Marienkirche aus dem 12. Jahrhundert, der älteste Bau Bergens, der romanische Dom mit seinen spitzen gotischen Fenstern, das Fischereimuseum mit einer umfangreichen Schau über die norwegische Hochseefischerei.

Edvard Griegs Wohnhaus in Troldhaugen liegt 10 Kilometer vom Stadtzentrum Bergens entfernt. Hier lebte der Komponist des Peer Gynt die letzten 22 Jahre seines Lebens. In Grieghallen finden alljährlich im Mai/Juni die Bergener Festspiele statt. Lohnenswert ist auch ein Ausflug nach Gamle Bergen zu einem Freilichtmuseum, in dem ein komplettes Dorf aus dem 18. Jahrhundert gezeigt wird, das malerisch am Nordufer des Byfjordes liegt.

Von oben, von den Terrassen der beiden Aussichtsberge Ulriken (642 m) und Fløyen (320 m), genießt man den besten Überblick über Hafen, Fjord und Schären. Kein Kreuzfahrtschiff läßt die Kapitale des Nordens aus. Bergen selbst ist Heimathafen der Hurtigrouten, jener legendären schnellen Postschiffe, die heute in komfortable Kreuzfahrtschiffe umgewandelt wurden und sommers wie winters durch die vielfältige Fjord- und Inselwelt der Lofoten und Vesterålen schippern, die die Eismeerhäfen Tromsø und Hammerfest ansteuern und schließlich Kurs um das Nordkap nach Kirkenes an der russischen Grenze nehmen.

Der Westen: Fjorde, Gletscher, Wasserfälle

Norwegens Fjordlandschaft bildet ein unübersehbares Gewirr von Meeresarmen, Seen, Bergen, Gletschern, arktischen Hochflächen und grünen Tälern. Fjorde, das sind „ertrunkene Täler", die sich bis zu 180 Kilometer weit ins Landesinnere fressen. Sie entstanden in der letzten Eiszeit, als die Gletschermoräne die Bergtäler tief ausschliff. Als das Eis dann schmolz, liefen sie voll Meerwasser. Übrigens, wegen des Salzgehaltes frieren Fjorde im Winter nicht zu. Eine weitere Laune der Natur: Einige der bis zu 1200 Meter tiefen Meeresarme sind an ihren Schwellen, an ihren Toren zum Meer, flach wie eine Flunder. Das hat zur Folge, daß nur das warme, vom Golfstrom aufgeheizte Oberflächenwasser in die Fjorde eindringt und für eine relativ angenehme Temperatur sorgt, trotz des eisigen Gletscherwassers, das sich mit dem Meereswasser mischt. In den Sommermonaten kann man hier im Anblick von Eis- und Schneebergen sogar baden.

Vier Fjordsysteme schneiden sich in das schwarze Urgestein ein und verzweigen sich in immer feinere Verästelungen. Südlich von Bergen liegt der Hardangerfjord, 179 Kilometer lang und bis zu 830 Meter tief. Steile Granitwände, von denen Wasserfälle herabdonnern, rahmen den Meeresarm ein. An einigen Stellen treten die Berge zurück, machen Platz für Wiesen und Wälder, für Bauernhöfe und kleine Dörfer, die oft wie Adlerhorste über dem tintenblauen Wasser thronen. Im späten Frühjahr verwandelt sich der Sørfjord - ein Seitenarm des Hardangerfjords - in ein impressionistisches Gemälde. Tausende von Märzenbechern, Schneeglöckchen, Frühjahrsknotenblumen, Schlüsselblumen, Löwenzahn überziehen Wiesen und Ufer mit einem bunten Teppich und in den Gärten der Bauernhöfe schmücken sich die Obstbäume mit einem Blütenkranz.

Nördlich des Hardangerfjords folgt das System des Sognefjords, mit 204 Kilometern Norwegens längster Fjord. An einigen Stellen ist er bis zu 1240 Meter tief, bei einer Breite von nur 5 Kilometern. Mal herb, mal düster, mal lieblich, immer aber voller Melancholie, so schmiegen sich die Wasserflächen vor die markante Kulisse von Jostedalsbreen und Jotunheimen, den größten Bergmassiven Skandinaviens mit den höchsten Erhebungen Galdhøpiggen (2469 m) und Glittertinden (2464 m). Die Szenerie ist vergleichbar mit schweizer Bergseen vor der Kulisse von Jungfrau, Mönch und Eiger, mit dem Unterschied freilich, daß die blau- und weißglänzenden Gletscherzungen bis auf Meeresniveau herabreichen.

Nirgendwo sind Norwegens Fjorde drückender, nirgendwo eindrucksvoller, nirgendwo enger, als im Naerøyfjord, einem Nebenarm des Sognefjords. Wie ein Fluß zwängt sich der längliche Meeresarm zwischen 1000 Meter hohen, fast senkrecht abfallenden Felswänden. Die Schlucht ist so schmal, daß die Sonne nur während der Sommerzeit für einige Augenblicke die Talsohle küßt. Von diesem Schattenreich, das nur per Schiff zu erreichen ist, geht eine eigenartige Faszination aus. Für eine Straße blieb in dem engen Schlund kein Platz.

Wesentlich kürzer, wenn auch nicht weniger reizvoll, dringt der Nordfjord, der Innikfjord in die Hochgebirgswelt vor. An ihren Endpunkten liegen beliebte Ferienorte wie Stryn, Loen, Olden, Ausgangspunkte für eindrucksvolle Ausflüge in die Gletscherwelt des Jostedalsbreen. Eine dieser Touren mit dem Auto führt von Olden entlang dem spiegelglatten Oldensee nach Briksdal, wo man sein Fahrzeug bei einer Berghütte abstellt. Hier beginnt der einstündige Aufstieg bis an den Rand des ewigen Eises. Von dem 486 Quadratkilometer großen und bis zu 500 Meter dicken Gletscher strüzen gewaltige Wasser und Eismassen in den graugrünen Gletschersee, auf dem Eisschollen und Eisberge schwimmen, ein archaisch-schönes Bild.

Sein blaues Wunder kann der gutausgerüstete Gletschertourist erleben, wenn er von Loen aus zu einer Gletschertour über den Kjenndalsbreen startet. Stryn wiederum gilt als Mekka der Skifahrer und Snowboarder, die sich auf dem Gletscher das ganze Jahr über tummeln. Hier dauert die Eiszeit immer noch an.

Als harmonischer Höhepunkt setzt der Geirangerfjord Akzente, der hinterste Nebenarm des Strofjord und in allen Reiseprospekten als Norwegens Bilderbuchfjord apostrophiert. Er vereinigt alles in einer Szenerie, was wir bisher gesehen haben: Steile, 1800 Meter abfallende Granitfelsen mit einem Tupfer von Schlagsahne obenauf, Wasserfälle, mal herabdonnernde Katarakte, mal in filigranen Fäden rieselnde Wasser, lindgrüne Matten mit Almhütten, auf deren Dächern Gras und Büsche wachsen und ein idyllischer Ort am Ende des Meeresarmes, Geiranger, der dem Fjord seinen Namen gab.

Åndalsnes am Moldefjord gilt als idealer Ausgangspunkt für die nördliche Fjordregion. Hier beginnt der Goldene Steig, eine Route, die zu den spektakulären Naturschauspielen führt. Die Fahrt beginnt im romantischen Romstal mit seinen wildromantischen Lachstreppen, schlängelt sich durch die dichten Laubwälder des Istertals und klettert in 13 engen Haarnadelkurven den Trollstig empor zum 852 Meter hohen Paß, der von den Trollen, dolomitartigen Felstürmen, eingerahmt wird. Über Jahrhunderte galt dieser abenteuerliche Trollpfad als wichtigste Verbindung zwischen den Provinzen Sunnmore und Romsdal.

Oppland: Das grüne Herz Norwegens

Im Land der Trolle, der dreisten Berggeister, erweist sich die Natur als kapriziös. So entspringen die großen Flüsse Norwegens im äußersten Westen, nahe der Atlantikküste aus den Gletschern und Bergriesen von Jotunheimen, Dovrefjell und Valdesflya. Statt aber in den nächstgelegenen Fjord zu stürzen, machen die Gebirgsbäche eine abrupte Kehrtwendung und fließen gen Südosten, werden zu stattlichen Strömen, ehe sie nach 200, 300 Kilometern in Skagerrak und Oslofjord münden.

Dieser Laune der Natur verdanken die Nachfahren der Wikinger eine Reihe von lieblichen, fruchtbaren Tälern wie das Numedal, das Hallingdal, das Valdresdal, das Gudbrandsdal. Geschützt vor kalten Fallwinden aus dem Westen, bewässert durch die unermüdlich sprudelnden Bergbäche, dazu fruchtbarer Boden, das waren die Grundvoraussetzungen dafür, daß sich hier schon früh Bauern ansiedelten, die es in diesem Kernland Südnorwegens zu Wohlstand und Ansehen brachten, daß sich Kultur, Baukunst und Folklore zu hohem Standard entwickelten.

Der Fluß Begna bildet eine abwechslungsreiche, weitverzweigte Wasserlandschaft mit tiefblauen Seen, weißen Kiesbänken, wildschäumenden Wasserfällen und ruhig fließenden Staustufen. Darum herum erstrecken sich Wälder, tiefgrüne Wälder, soweit das Auge reicht. In der Ferne leuchten die glitzernden Schneegipfel von Glittertinden, Galdhopiggen und Snøhetta. Nicht ohne Grund nennt man das Valdres „Perle der norwegischen Täler".

Zur unverdorbenen Natur gesellen sich Kunst (Malerei und Skulptur) an Bauernhöfen und in den Stabkirchen, die Mittelpunkt der Dörfer Mittelnorwegens sind. Das Wort Stab kommt von stav, was soviel wie Mast bedeutet und in der Tat sehen die hölzernen Gotteshäuser von weitem oft wie an Land gestrandete Segelschiffe aus. Die Bautechnik der Stabkirchen stammt denn auch aus der Schiffsbaukunst der Wikinger. Holz als billiges Baumaterial gab es in Überfluß.

Daß es die christlichen Missionare, die um die Jahrtausendwende von England nach Norwegen kamen, nicht leicht hatten, die germanischen Götter zu vertreiben, liest man in alten Berichten, sieht man in den Stabkirchen, die mit heidnischen Symbolen verziert sind, mit Drachenköpfen und Schlangen. Ohne diese Konzession an die Mythologie der Germanen wären die rauhbeinigen Wikinger nie zum Christentum bekehrt worden. Jesus und die Heiligen tragen die Züge von Wotan, Freya und Thor. So leben die heidnischen Sagen eingraviert in die Wände christlicher Kirchen weiter. Manche Stabkirche erinnert mehr an eine asiatische Pagode als an ein christliches Gotteshaus. Auf alle Fälle stellen die Holzkirchen Norwegens eine bedeutende eigenständige Architekturschöpfung dar. Von den ursprünglich rund 1000 Stabkirchen haben sich nur 25 über die Zeit gerettet. Der Baustoff Holz ist trotz aller Konservierungsmethoden vergänglicher als Stein. Teerfarbe und andere Erhaltungsmittel ließen die einst farbigen Bauwerke schwarz werden. Im Inneren waren die Holzkirchen mystisch dunkel, weil sie keine Fenster besaßen. Glas war im Mittelalter in Norwegen unbekannt. Nur durch eine offene Dachluke in der Turmspitze fiel ein Lichtstrahl Gottes auf die Gläubigen.

Bei Laerdal steht die interessanteste Stabkirche „Borgund". Die älteste findet man in Urdal am Lusterfjord, die größte in Fantoff bei Bergen, die farbigste in Ringebu bei Lillehammer.

Parallel zum Valdresdal verläuft ca. 50 Kilometer nördlich das Gudbrandsdal. Norwegens berühmtestes Tal wird von den Wassern des Lagen gespeist. Seine Quellflüsse entspringen im Dovre-Massiv aus den Schneefeldern des 2286 Meter hohen Snøhetta und münden nach 230 Kilometern ereignisreichem Lauf in den Oslofjord. Mal schießt er wild durch enge Felsenschluchten, mal fließt er träge, Inseln und Kiesbänke bildend, durch eine satte Wiesenlandschaft, mal weitet er sich zu einem viele Kilometer langen See, in dem sich die Wolkenschiffe des Himmels spiegeln, ein ernster, ein melancholischer Fluß, der aber nie unfreundlich, nie abweisend wirkt.

An seinen Ufern breiten sich Dörfer und kleine Stadtgemeinden aus, die Bauernhäuser strahlen Reichtum, Solidität, Bodenständigkeit aus, ohne protzig zu wirken.

In der Provinz Oppdal machen die Norweger selbst Urlaub, im Sommer wie im Winter. Besonders Lillehammer hat sich einen guten Namen als Skandinaviens Wintersportplatz Nummero eins gemacht. Nicht ohne Grund wurde es zum Austragungsort der Olympischen Winterspiele 1994 ausgewählt.

Erlebnisland Oppdal, das bedeutet, im Sommer Natur pur in vier Nationalparks genießen, das bedeutet, aktiv sein beim Wildwasserfahren, beim Flußpaddeln, beim Rafting, beim Reiten und Drachenfliegen oder bei einer Schiffspartie auf dem Mjøsa-See mit dem ältesten Raddampfer der Welt, mit dem Skibladner, der noch regelmäßig von Gjøvik nach Hainar verkehrt oder beim Wandern auf den Spuren des Peer Gynt. Das Gebirgsland zwischen Jotunheimen und Dovrefjell gilt als Schauplatz des Peer Gynt, den Henrik Ibsen zur Titelfigur eines Dramas machte, das später von Edvard Grieg vertont wurde. In der Ortschaft Hågå findet der Besucher noch einige Häuser, die dem Bauern Pedar Olsen gehörten. Das Haus von Peer Gynt steht - darüber sind sich die Experten nicht ganz einig - entweder in Vinstra, wo es den örtlichen Verkehrsverein beherbergt oder im Freilichtmuseum Maihaugen bei Lillehammer. Dieser sehenswerte Park vermittelt einen guten Überblick über die geschichtliche Entwicklung der bäuerlichen Kultur Opplands.

Der 56 Kilometer lange Peer-Gynt-Weg beginnt in Svingvoll und führt abseits der großen Straßen durch abwechslungsreiche Landstriche. Für Unterkunft und Verpflegung ist bestens gesorgt. Überall laden Bergrestaurants, Hütten und komfortable Gasthäuser zum Rasten ein, die Peer Gynts Zeichen im Wappen tragen. Spezialität: Gebackene Forellen aus eigenem Fischteich.

Mehr historische Bedeutung kommt dem Königsweg zu, der im Mittelalter angelegt wurde. Er verbindet den Regierungssitz Oslo mit der alten Krönungsstadt Trondheim, in deren Kathedrale im 11. bis 14. Jahrhundert Norwegens Könige gekrönt wurden. Der Besucher von heute, der auf den Spuren der Könige reist, findet in regelmäßigen Abständen historische Häuser, in denen die königlichen Herrschaften übernachteten, in denen sie speisten, wo die Pferde gewechselt wurden. Wie ein Bandwurm windet sich die alte Kopfsteinpflasterstraße die Südhänge des Filletfjells hoch, früher einmal ein beschwerlicher Weg mit dessen Bewältigung der Monarch seine Strapazierfähigkeit unter Beweis stellen mußte, heute mit dem Auto eher eine bequeme Tour auf gut ausgebauten Straßen.

Trondheim: Krönungsstadt Norwegens

An der Mündung des Flusses Nidelv in den Trondheimfjord liegt die alte Königsstadt Nidaros, von sanften Hügeln umgeben. Das heutige Trondheim entwickelte sich im 10. Jahrhundert aus einer kleinen Wikingersiedlung in der Nähe der Kult- und Thingstätte Øra. Sie gilt als Keimzelle des mittelalterlichen Reiches Norwegen. Der Wikinger Harald Hårfagor (H. Schönhaar) herrschte als erster König über das Fürstentum im hohen Norden. Im Jahre 997 errichtete sein Enkel König Olav Tryggvason am Ufer des Nidelvs einen Königshof und ließ eine Holzkirche errichten. Um diese beiden Kernbauten entstand die mittelalterliche Stadt Nidaros. Als eigentlicher Stadtgründer gilt allerdings sein Nachfolger, der populäre König Olaf Haraldson, genannt Olaf der Heilige, der am 29. Juli 1030 in Stiklestad im Kampf mit den Schweden fiel. In der Eile des Rückzuges wurde er bei Nacht und Nebel nur notdürftig begraben. Als man das Grab ein Jahr später öffnete, um den König standesgemäß beizusetzen, stellte man fest, daß Olafs Körper noch völlig unverwest war, ja daß Nägel und Haare nachgewachsen waren. Auch seien - wird berichtet - eine Reihe von Wunder an seinem Grab geschehen. So sprach man König Olaf heilig und erkor ihn zum Schutzpatron des Landes. Sein Totenschrein, zu dem Tausende von Norwegern pilgerten, wurde auf dem Altar der Nidaroskirche aufgebahrt. Im Laufe der Zeit reichte die kleine Holzkirche nicht mehr aus und man begann über dem „nationalen Heiligtum" eine große Kathedrale nach dem Vorbild englischer Dome zu errichten, zunächst im romanischen, später im gotischen Stil. Die Kathedrale wurde im Verlauf der Jahrhunderte mehrfach zerstört, von Dänen und Schweden geplündert, Kunstschätze und Reliquien wurden nach Kopenhagen entführt, wo sich die Spur verlor. Zurück bleibt ein immer noch imposantes steinernes Mahnmal nordischen Glaubens, in dem bis zum heutigen Tage Norwegens Könige gekrönt werden.

Von der 70 Meter hohen Aussichtsplattform, vom Drehrestaurant in der Fernsehturmspitze blickt der Besucher auf die 135 000 Einwohner zählende Stadt, auf den Nidelv mit seiner hölzernen Stadtbrücke, seinen rotbraunen Lagerhäusern, auf den Erzbischöflichen Hof direkt zu Füßen des Domturms. Wie Pfahlspitzen verteilen sich die 9 Kirchen und Klöster über die Altstadt rund um den Königshof Stiftsgården, der seiner Bedeutung entsprechend eher bescheiden ausgefallen ist.

Der Hafen von Trondheim erscheint dagegen großzügig dimensioniert. Er versorgt nicht nur die Stadt Trondheim und die Provinz Trøndelag, sondern den Norden von den Schären Ålesunds bis zum Polarkreis.

Der lange Weg zum Eismeer

Von Trondheim fahren wir auf der E 6, besser bekannt unter dem Namen Eismeerstraße, nordwärts. Von Oslo bis Trondheim, das ist eine Strecke von 600 Kilometern, bis zum Nordkap sind es von hier weitere 1800 Kilometer, ein langes Wegstück per Auto bei einer erlaubten Höchstgeschwindigkeit von 80 km/h.

Das schwarze Asphaltband der gutausgebauten Nordsüdachse folgt zunächst der Küste in respektvollem Abstand, um all die kleinen Buchten und Fjorde an ihren Endpunkten zu umgehen. Die Landschaft wirkt weit und menschenleer, hier ein rotgestrichenes Holzhaus, dort ein schwankender Kahn an einem Bootssteg, Menschen begegnen einem nur ganz selten. Auf der E 6 allerdings nimmt der Verkehr von Jahr zu Jahr zu. Wohnwagen, PKWs, Motorräder streben in den Sommermonaten Juni, Juli, August dem Nordkap zu.

Das Saltfjell Massiv grenzt den Norden gegen den gemäßigteren Süden Norwegens ab. Nördlich von dem Gebirgszug wachsen nur noch Fichten, Latschen, Birken und Blumen, wie sie in höheren Alpenregionen vorkommen, Anemonen, Seidelbast, Waldröschen, Moor- und Polarbeeren, Wollgras. Zu beiden Seiten des Polarkreises breiten sich große Nadelwälder aus, 40 Millionen Ar. In den Nationalparks leben Füchse, Marder, Bieber, Ottern, Elche, verwilderte Rentiere und ab und zu auch noch Bären. Über den Meeresbuchten gehen Baßtölpel, Papageientaucher, Schmarotzermöven, Seeadler auf Beutesuche. In den Tundren leben Schneehuhn und Auerhahn. Über die Stromschnellen springen Lachse und Forellen zu ihren Laichplätzen. Zu bestimmten Zeiten darf man mit Angelschein in den 28 000 Seen auch Saiblinge und Aale fischen. Seehunde, Delphine, Wale und

Tümmler, die sich in den nördlichen Fjorden tummeln, stehen unter strengem Naturschutz. Bei den Speisefischen, die aus dem Meer gefischt werden, ist die Auswahl nicht mehr so reichlich. Auch im hohen Norden wurde das Meer leergefischt, so daß Seelachs, Heilbutt und Kabeljau meistens aus Zuchtanlagen stammen.

Im Regierungsbezirk Rana, südlich des Polarkreises, findet der Besucher eine erstaunliche Vielfalt von Naturschönheiten: Schneebedeckte Berge wie der Mofjell (im Sommer Aussichtsberg, im Winter Skizentrum), Gletschermühlen, Kalksteinhöhlen von Grønli und vor allem der mächtige 370 Quadratkilometer große Svartisengletscher, dessen Eisbrocken in einen blaugrünen See stürzen. Mit einem Motorboot fährt man bis unmittelbar an dieses interessante Naturschauspiel heran. Die Kühle des Nordens umfängt uns.

So werden wir unmittelbar an den Polarkreis herangeführt, eine gedachte Linie, die bei 66° 33' nördlicher Breite den Erdball umspannt. Sie markiert jene Breiten, in denen im Sommer die Sonne wochenlang nicht untergeht und im Winter für viele Tage nicht hinter dem Horizont hervorlugt. Am Rande der Eismeerstraße stehen einige Monumente, die den Polarzirkel symbolisieren. Interessanter als die Weltkugeln auf Steinsäulen erscheint mir die Rekonstruktion einer heidnischen Kultstätte mit Steinzeitzeichnungen.

Lappland: Eines der letzten Abenteuer in Europa

Ein gewaltiges Meer von Licht erstreckt sich über den nördlichsten Zipfel Europas. Hier wird alles mit großzügigeren Maßen gemessen: Die Fjorde sind breiter als anderswo, die Berge erscheinen höher, weil nur die eisbedeckten Kuppen aus dem Meer ragen, die Luft ist leichter und der Himmel klarer, der Blick geht frei über Tundren und Birkenwälder, die vom Horizont verschluckt werden.

Hier wirkt die Sonne so hell, so zauberhaft, daß sie zum Symbol der Lebenskraft dieses Landes geworden ist. Ihr Licht ist grell und doch zart, warm und doch kalt, beruhigend und aufreizend zugleich. Der Sommer dauert nur einen Tag (je nach Breitengrad von Mitte Mai bis Ende Juli), der Winter nur eine einzige Nacht (von November bis Ende Januar). In Alta scheint die Mitternachtssonne von 16.5. bis 26.7., die Polarnacht dauert vom 24.11. bis 18.1.; in Hammerfest: Mitternachtssonne vom 13.5. bis 29.7., Polarnacht vom 21.11. bis 21.1., am Nordkap Mitternachtssonne vom 11.5. bis 31.7., Polarnacht vom 21.11. bis 23.1.

Die Natur erwacht und stirbt mit dem Licht der Sonne. So wie sich die Vögel von diesem Naturschauspiel täuschen lassen und auf den Abendgesang ohne Pause ihr Morgenlied anstimmen, so werden die Menschen in den Tagen der Mitternachtssonne von einer Sommerseligkeit erfaßt, die kaum Schlafbedürfnis erweckt.

Die Menschen, die nördlich des Polarkreises wohnen, sind rauh aber herzlich und hilfsbereit. Hier in der Einsamkeit Lapplands fanden im zweiten Weltkrieg schwere Kämpfe statt. Narvik, Hammerfest und das Nordkap sind auch heute noch wichtige strategische Punkte.

Grenzen scheint es hier oben nicht zu geben, sie werden zumindestens kaum beachtet. Norwegen, Schweden, Finnland sind hier eins, selbst die Gemeinschaft Unabhängiger Staaten hat hier oben ein Loch. So wie Elche, Wölfe, Bären und Rentiere ungehindert von der russischen Halbinsel Kola in die norwegische Finnmark-Vidda wandern, folgen die Lappen den Tieren nach. Auf diese Weise mögen die Samen - wie sich die Lappen selber nennen - einst vom Osten gekommen sein. Sprache, Kultur und Aussehen (Schlitzaugen) verraten ihre asiatische Abstammung.

Sie sind stolz auf ihre Tradition und fühlen sich vollkommen ungebunden von jeglicher Staatsform. Von den 40 000 Samen, die heute im hohen Norden leben, sind die meisten seßhaft geworden. Sie verdienen ihren Lebensunterhalt als Dockarbeiter in Narvik, als Fahrer und Kranführer in den Erzgruben von Kiruna oder leben als Fischer und Bauern in den Siedlungen zwischen Hammerfest und Kirkenes. Nur noch rund 4000 von ihnen ziehen als echte Nomaden mit ihren Tieren umher. Einige tragen noch die farbenfreudige Kleidung, um Touristen zu ihren Zelten zu locken und ihnen die Souveniers aus Rentierfell und Geweihhorn zu verkaufen.

Die Rentiere sind ihre Existenzgrundlage. Jeder, auch der kleinste Bub, besitzt davon eine große Anzahl. Im Sommer laufen die halbwilden Tiere frei über die Hochflächen, die von den Fjordarmen begrenzt sind, im Herbst werden sie eingefangen, dann kommt Leben in die Siedlungen. Zu Tausenden werden die Tiere zusammengetrieben, gezählt, markiert, geschlachtet und verkauft. Vor den Zelten der Samen häufen sich Berge von Geweihen, auf langen Stangen hängen Felle zum Trocknen.

Das Abenteuer Lappland besteht aber nicht aus unbefestigten Staubstraßen, gefährlichen Bärenjagden, aus Goldgräberromantik, aus Entbehrungen jeglichen Komforts, das Abenteuer Nordland ist Begegnung mit unberührter Natur, mit vom Wind verkrüppelten Latschen, vom Eis zu bizarren Formen geschliffenen Felsen, mit freilebenden Tieren, die nur hier oben im äußersten Norden Europas noch genügend Lebensraum finden. Die Industriestadt Narvik bringt uns wieder auf den Boden der Realitäten unserer Zeit zurück. In großen Containern kommt

Eisenerz aus dem 156 Kilometer entfernten Kiruna zum Erzhafen Narvik heran, wo es auf Schiffe verladen wird. Interessierte Besucher können mit der Erzbahn zur Grubenanlage nach Schweden fahren und dabei sogar ihr eigenes Auto mitnehmen. Empfehlenswert erscheint mir eine Fahrt von Narvik mit der Seilbahn auf das Fagernesfjell, den 700 Meter hohen Hausberg mit Panoramarundblick über den Ofotfjord und die weite Inselkette der Lofoten und Vesteralen.

Lofoten: Inseln im Wind

Felsen und Sand, Wasser und Wind, das ist der Stoff, aus dem die Inseln sind. Wie ein Schutzschild liegen sie vor der Nordwestküste Norwegens. Schwarzes, verwittertes Urgestein, drei bis vier Milliarden Jahre alt, ragt aus dem tiefblauen Eismeer. Weiße Sandstrände wechseln mit dunklen schroffen Felswänden, die tausend Meter fast senkrecht ins Meer stürzen. Darüber erheben sich kahlgefegte Bergspitzen, baumlose Kuppen, schutzlos der Witterung ausgesetzt, eine gewaltige Natur.

An einigen Stellen regt sich Leben, in Felsspalten sprießt Moos, auf Südhängen blühen Waldröschen und in geschützten Tälern ernten die Lofotenbauern sogar Getreide. Der alles erwärmende Golfstrom machts möglich. Selbst in dunklen Wintermonaten sinkt die Temperatur an der Küste nur selten unter den Nullpunkt.

Für uns schwer vorstellbar, aber die Lofoten waren schon zur Eisenzeit besiedelt. Archäologen gruben vor einigen Jahren auf Vestvagøy ein großes, tausend Jahre altes Wikingerhaus aus mit zahlreichen Geräten und einem Bootsschuppen. Es wird dem Wikingerkönig der Lofoten Tore Hjørt zugeschrieben, der 998 n. Chr. im Kampf mit Olaf Tryggvason fiel. Schon damals ging es um das lukrative Geschäft mit Pelzen und Häuten, mit Fischen und Horn. Robben, Rentiere, Bären und Wale waren begehrte Tauschartikel für Silber, Eisen- und Bronzewaren aus dem Süden. Der Besucher des Lofotenmuseums in Storvågen begibt sich auf eine interessante Zeitenreise durch die Vergangenheit des Archipels.

Der Fischfang war von Anfang an besonders wichtig für die Existenz der Menschen im hohen Norden, besonders die Jagd auf Hering und Kabeljau, die früher in großen Schwärmen vor Norwegens Küste schwammen. Heute, da die Meere leergefischt sind, leben nur noch wenige Lofotenbewohner vom Fischfang. Die meisten sind in die Städte Bodø, Tromsø, Narvik, Harstadt gezogen und gehen Handwerksberufen nach. In der Hauptfangsaison Januar - April kehren sie zurück, dann fahren Hunderte von Booten aufs Meer hinaus, um Lachs und Heilbutt, Dorsch und Makrele zu fangen.

Die Menschen auf den Lofoten konnten sich ihr Inselleben bis heute bewahren, weil immer noch keine Brücke vom nahen Festland auf die Eilande führt. Man ist auf die Fährverbindungen angewiesen. Untereinander aber sind die meisten Lofoteninseln mit Brücken und Tunneln verbunden, so daß man den Archipel von Svolvaer im Nordosten bis Å im Südwesten trockenen Fußes durchqueren kann.

Svolvaer auf Austvagøy (4000 Einwohner) hat als Hauptstadt und Verwaltungssitz der Lofoten die Nachfolge des sagenhaften Vågans übernommen, jener reichen nordischen Handelsmetropole, die im Mittelalter mit Trondheim und Bergen verglichen wurde.

In dem Fischerdorf Kabelvåg ließ König Øystein im 12. Jahrhundert primitive Holzhütten auf Pfählen bauen, die seinen Fischern und Arbeitern als Wohn- und Schlafstätten dienten. Daraus entwickelten sich im Laufe der Zeit jene rotangestrichenen Pfahlbauten - Robuer genannt - die typisch für die Lofoten sind. Heute vermieten Lofotenfischer diese mit etwas mehr Komfort ausgestatteten Hütten an Feriengäste und verdienen sich damit ein Zubrot.

Rorbuerferien sind in. Auf dem Herd kocht der Teekessel, vor dem Schlafzimmer dümpelt das Ruderboot, an der Hauswand lehnen Angelgerät und Fahrrad. So ein stabiles Countrybike ist das ideale Verkehrsmittel auf den Lofoten, um Ausflüge in die nähere Umgebung zu unternehmen, in eine faszinierende Landschaft, die durch stets wechselndes Licht ständig ein anderes Gesicht erhält. Der spektakulärste unter den zahlreichen Lofotenfjorden heißt Trollfjord. Er zwängt sich wie ein enger Kanal zwischen zwei hohe Steilwände hindurch, zwischen zwei Inseln, die nur 150 Meter voneinander getrennt sind. Post- und Ausflugsschiffe fahren ganz vorsichtig durch diese schmale Wasserstraße am Raftsundet, sie dürfen nicht einmal Signale geben, weil sich durch die Pfeiftöne Steine von den schroffen Felsen lösen könnten.

Über der Stadt Svolvaer erhebt sich der Svolvaergeita, d.h. Svolvaer-Geia, ein 569 Meter hoher Berg, der mit seinen beiden Felshörnern steil aus dem Meer steigt. Der Sprung von einem Horn auf das andere, die in der Spitze circa 2 m auseinanderklaffen, hoch über dem schwindelerregenden Abgrund, gilt als Mutprobe für Extremkletterer (Seite 114). Moskenesøy, die wilde, romantische, zerklüftete Insel wirkt auf uns mit ihren traumhaften Berglandschaften wie von einem anderen Stern. Bei Ramberg fanden wir die schönsten Strände, puderzuckerfeine, weiße Sandstrände, worauf sich die Schaumkronen des Atlantiks ausrollen. Bei diesem Anblick fühlt man sich fast in die Karibik versetzt, allerdings mit der kühlen Frische des Nordens.

Nicht weit von diesem Strand versteckt sich rund um einen kleinen Naturhafen Nußfjord, eine Fischersiedlung, die im europäischen Natur- und Denkmalschutz-jahr 1975 zum norwegischen Pilotprojekt ausgewählt wurde. Die meisten der einheitlich rot gestrichenen Häuser stammen aus dem 19. Jahrhundert, darunter auch einige Robuer, die zu mieten sind.

Reine, das unbestritten schönste Dorf der Insel, liegt auf einer sichelförmigen Halbinsel vor der imposanten Kulisse von drei tiefschwarzen, zuckerhutartigen Bergkegeln, davor breitet sich eine bizarre Schärenlandschaft aus mit ausgewaschenen Steinen und hellgelben Sandbänken.

In Å enden alle Wege. Felsbrocken, groß wie Hinkelsteine, Holzgestelle, auf denen Kabeljau trocknet, damit er zum Stockfisch ausdörrt, versperren die Weiterfahrt. Wir steigen in ein Boot, um zu den Malströmen zu fahren, zu Gezeitenströmen, die vom Spiel von Ebbe und Flut ihre Geschwindigkeit, ihre Strömungskraft erhalten. Das kleine Motorschiff steuert geradewegs auf die Inseln Røst und Vaerøy zu. Dazwischen befindet sich der Moskenenstraumen, jener Gezeitenstrom, der Jules Verne als Vorlage für sein Buch „Zwanzigtausend Meilen unter dem Meer" diente. Plötzlich fängt das Wasser unter uns zu brodeln und wirbeln an, mit unwiderstehlicher Kraft reißt es das Boot ins offene Meer hinaus, der Kapitän hat alle Mühe, das Schiff aus dem Gezeitenstrom wieder herauszumanövrieren. Die starke Strömung entsteht durch die Verengung zwischen zwei Inseln und dem Unterschied im Meeresniveau von 40 Meter innerhalb der Inselgruppe und 900 Meter im tiefen Vestfjord. Durch diese enge Kanüle fließen also große Wassermassen bei Ebbe wie bei Flut.

Nach Røst und Vaerøy zieht es vor allem Ornithologen. Auf den Vogelbergen nisten Millionen von Seevögeln: Papageientaucher, Trottellummen, Seeadler, Kormorane, Dreizehenmöven. Die Zahl der Brutpaare ist in den letzten Jahren stark zurückgegangen. Meeresverschmutzung und Überfischung wirken sich bis in diese letzten Bastionen Europas negativ aus.

Auf den benachbarten Vesterålen finden im Juni/Juli Walsafaris statt, Fotoexkursionen, in Begleitung von einem erfahrenen Meeresbiologen. Bei dieser ca. fünfstündigen Tour bekommt man mit ein bißchen Glück Pottwale, Zahnwale, Finnwale, Buckelwale, Zwergwale, Schwertwale, Tümmler und Langfinnendelphine zu sehen, Bilder, die man sein ganzes Leben lang nicht mehr vergißt.

Tromsø: Pforte zum Eismeer

Wir fahren weiter nordwärts durch die großen Tundren Lapplands und gelangen ins Einzugsgebiet der Nordfjorde, jener langen wassergefüllten Täler, die, ähnlich wie in Westnorwegen viele Kilometer weit ins Landesinnere vorstoßen: Der Lyngen-, Kvaengen-, Porsangen-, Laksefjord. Hier oben ist die Landschaft herber, unterkühlter, die Fjorde wirken größer, weiter, die bis zu 1000 Meter hohen Berge erscheinen mächtiger, weil ihre vergletscherten Eisflanken fast bis auf Meeresniveau herabreichen. Eingebettet in diese alpine Fjordlandschaft liegt Tromsø auf zwei Inseln im Gøtsund. Dank des gut ausgebauten Hafens wurde die Stadt zur „Pforte ins Eismeer". In Tromsø starteten die Expeditionen eines Amundsen (1912 Erster am Südpol), eines Nansen. Im Polarmuseum in Skansen sind die Erinnerungsstücke aus der großen Zeit der Polarexpeditionen ausgestellt, die Blechtasse, die Thermosflasche von Amundsen, das Cognac-Fäßchen, das Nansen immer mit sich führte.

Tromsø kann einige Superlative aufweisen. Sie ist der Fläche nach die zweitgrößte Stadt Norwegens. Das 2500 Quadratkilometer große Gebiet umfaßt die Inseln Kvaløy, Ringvassøy und Teile des norwegischen Festlandes. In seinen Mauern beherbergt Tromsø die nördlichste Universität mit Fischfakultät, das nördlichste katholische Bistum und die nördlichste Brauerei Mack Øl. Der goldgelbe Met wird in 60 Bierkneipen ausgeschenkt.

Die 1036 Meter lange und 43 Meter hohe Brücke über den Fjord und die Eismeerkathedrale daneben bestimmen das Stadtbild. Besonders der supermoderne weiße Glasbau des nördlichsten Doms der Welt hat viele Diskussionen ausgelöst. Ist er ein Symbol für ein Lappenzelt, für einen Eisblock oder eine Triangel für extraterristische Wesen? Gleich hinter der Kirche erhebt sich der Storsteinen, ein 420 Meter hoher Aussichtsberg, auf den eine Gondelbahn führt. Im Winter tummeln sich hier Tromsøs Wintersportler (Skizentrum mit 4 Liften und 2 beleuchteten Langlaufpisten). Eine Illumination ist notwendig, weil die Periode der Dunkelheit von November bis Ende Januar dauert. Wenn am 21. Januar mittags um 12 Uhr die Sonne wieder blaßrot über den Horizont kriecht, herrscht eitel Freude und die Kinder bekommen sogar schulfrei.

Im Frühling erholt sich die Natur schnell vom langen Winterschlaf, sie explodiert im Juni geradezu. Wiesen und Ufer werden von einem impressionistischen Blumenteppich überzogen, ja sogar „Palmen" sprießen empor. Die mannshohen Heracleumstauden nennt man hier Tromsø-Palmen.

An langen Winterabenden beobachten die Bewohner nördlicher Breiten bisweilen grünweiße, leuchtende Streifen am Himmel, Nordlichter. Winzige Plasmateilchen, aus dem Feuermantel der Sonne herausgeschleudert, stoßen an den Polen der Erde mit Magnetteilchen unserer Atmosphäre zusammen und verglühen. Wer zur Sommerzeit, zur Zeit der Mitternachtssonne nach Tromsø kommt, kann dieses Phänomen natürlich nicht beobachten, für den empfiehlt sich ein Besuch des Nordlichtplanetariums im Stadtteil Breivika, wo Wissenschaftler die Aurora borealis – das Nordlicht – fachmännisch erklären.

Auf dem Weg nach Hammerfest machen wir in Alta halt, wo sich an den Felsenhängen über dem Fjord Hjemmeluft, das wohl bedeutendste Freiluftmuseum der Finnmark befindet mit steinzeitlichen Felsenbilder. Beim Spaziergang durch den Park sehen wir Skribbelfiguren in Stein geritzt, die zeigen, wie das Leben vor sechs bis zehntausend Jahren in Lappland ablief. Wir erkennen Menschen bei der Jagd, beim Tanz, an der Feuerstelle, wir sehen Elch und Bär, Ren und Lachs.

Nächste Station ist Hammerfest, die nördlichste Stadt der Welt. In 70° 39' 48'' nördlicher Breite gibt es von Alaska über Grönland bis Sibirien keine vergleichbar große Siedlung mit 8000 Einwohnern so „nahe" am Nordpol. Der Besucher, der hier einen besonderen Vorposten zur Arktis vermutet, wird vielleicht enttäuscht sein. Rund um die geschützte Hafenbucht stehen wettergegerbte Holz- und Steinhäuser, Lagerhallen, eine spitzgieblige Kirche, ein paar Hotels und Pensionen, Restaurants und Geschäfte. Besondere Sehenswürdigkeiten können wir nicht entdecken. Originell: Der Eisbärenclub im Rathaus am Hafen mit zwei Bärenfiguren unter einem Baldachin. Seit 200 Jahren kann jeder Besucher von Hammerfest Mitglied in diesem einst so exklusiven Kreis werden, kann sich einreihen in die Liste der Bärenjäger, Robbenfänger, Pelzhändler, Forscher, Politiker und Filmstars. Romantisch: Der Rundblick vom Steilufer hoch über der Stadt auf die Schärenwelt bei Mitternachtssonne.

Nordkap - hier endet Europa

Zum Nordkap zieht, zum Nordkap drängt alles. Am nördlichsten Punkt Europas möchte jeder einmal gewesen sein. Wer nach 2800 Kilometern Wegstrecke durch Norwegen hier oben ankommt, um sich den schwarzen Elch, den Nordkapaufkleber ans Autoheck zu heften, merkt dreierlei:

1. Es gibt unheimlich viele Mitbesucher, mehr, als man auf der ganzen Tour gesehen hatte, drängen sich um den mit Stickern beklebten Nordkapglobus.

2. Man befindet sich nicht am äußersten Eckpunkt des europäischen Festlandes, sondern auf einer Insel namens Magerøy.

3. Das Nordkap ist nicht der nördlichste Punkt Europas, allenfalls der vorletzte. Englische Forscher, die 1553 das Nordkap entdeckten, hatten sich ganz einfach vermessen. Schon das Nachbarkap „Knivskejllodden" reicht einige Meter weiter nach Norden.

Zum Schluß wird es auch noch teuer. Erst die hohe Parkgebühr, dann eine überzogene Eintrittskarte für die Multivisionsshow im Nordkaphaus und dann noch ein sündhaft teurer Drink an der Champagnerbar, ein hartes Rentiersteak im überfüllten Panoramarestaurant ... Genießen Sie lieber den Blick auf das Eismeer von einer stillen Ecke draußen auf dem Nordkapplateau, den Blick ins Nichts, auf Wasser, Wind und Wolken, durch die ab und zu die Mitternachtssonne bricht.

Die Eismeerstraße, Norwegens Schlagader in den Norden, endet aber nicht am Nordkap, sondern in Kirkenes, an der russischen Grenze. Die Stadt wurde im 2. Weltkrieg fast völlig zerstört und neu wieder aufgebaut. Trotzdem liegt eine Art Goldgräberatmosphäre in der Luft, über den viel zu breit dimensionierten Straßen, den viel zu weit auseinanderliegenden Häuserblocks. Das Gold von Kirkenes ist das Eisenerz, das in den Anlagen von Bjornevatn, vom Bärensee abgebaut wird. Kirkenes ist Zielhafen der norwegischen Postschiffe Hurtigrouten. Viele Passagiere machen jedoch noch einen Tagesausflug per Schiff von hier zur russischen Stadt Murmansk.

Svalbard/Spitzbergen: Wo der Winter Überstunden macht

Hoch im Norden zwischen dem 74. und dem 81. Breitengrad besitzt Norwegen noch einen weit ins Eismeer vorgeschobenen Posten, den Svalbardarchipal, eine Gruppe von größeren Inseln wie Spitzbergen, Nordaustland, Edgeøya, Barentsyøya, Prins Karls forland, Bjørnøya, Hopen, Kvitøa, Kong Karls Land und eine Anzahl unbewohnter Atolle, über eine Meeresfläche von 500 mal 500 Kilometern verstreut, gut 1000 Kilometer vom Nordpol entfernt und entsprechend eisig. Nach isländischen Chroniken sollen Wikinger im Jahre 1194 auf ihren Eismeerfahrten die Inseln entdeckt haben.

Erst im Jahre 1596 kam mit dem Holländer Wilhelm Barents wieder ein Seefahrer vorbei. Der hielt die weißen Eisberge, das Packeis, die Gletscherzungen für einen Teil Grönlands und nannte sie Spitzbergen. Die Niederländer waren hautpsächlich an Walen interessiert, denn aus dem Walspeck gewannen sie Tran, flüssiges Fett für ihre Lampen. In der Folge gründeten die Hölländer Walkochereien, bauten Fischverarbeitungsfabriken ins arktische Eis. Zu Beginn des 17. Jahrhunderts setzte eine regelrechte Großwildjagd auf Wale, Robben, Walrosse ein. Pro Saison fuhren zwei bis dreitausend Schiffe mit 15.000 Mann Besatzung durch Nordpolarmeer und Barentsee. Kein Wunder, daß der Grönlandwal keine Chance zum Überleben hatte und bald ausgerottet war.

Dann kamen die Pelzjäger, vornehmlich aus Rußland und erlegten Eisbären und Polarfüchse. Mehr durch Zufall entdeckte man, daß die schwarzen Berge zwischen dem Packeis große Mengen von Steinkohle bester Qualität enthielten, die man im Tagebau relativ leicht abbauen konnte. Wen wunderts, daß gleich mehrere Nationen Anspruch auf die Inseln erhoben, als die Nachricht bekannt wurde: Norwegen, Schweden, Dänemark, Rußland. Um den Streit zu schlichten, wurde im Pariser Vertrag von 1920 Spitzbergen unter die Hoheit von Norwegen gestellt, freilich mit der Auflage, daß die wertvollen Bodenfunde von jedem der Unterzeichnerstaaten genutzt werden durften. Von dieser Klausel hat neben Schweden bisher nur Rußland Gebrauch gemacht. Außerdem verpflichtete sich Norwegen, Svalbard nicht für militärische Zwecke freizugeben, dafür aber Wissenschaftlern aller Nationen freien Zutritt zu gestatten, was eine Reihe von Ländern nutzten, um in der interessanten, polarnahen Zone Forschungszentren zu errichten.

Heute leben auf Spitzbergen 1800 Norweger und 2200 Russen friedlich nebeneinander. Der gesamte Kohleabbau spielt sich im einem Umkreis von 50 Kilometern um die Hauptstadt Longyearbyen ab. Der Name stammt übrigens von dem amerikanischen Millionär John Longyear, dessen Explorationsgesellschaft die Kohlemine in den Jahren von 1904 bis 1916 ausbeutete. Die dabei entstandene Siedlung nannte er Longyearcity. Als die Norweger die Anlage darauf übernahmen, erschien ihnen der Name reichlich übertrieben und sie ersetzten City durch Byen (Dorf).

1975 plante Norwegen den Bau eines Flughafens, doch die Russen machten Schwierigkeiten, weil sie den Standpunkt vertraten, daß man einen zivilen Flughafen auch militärisch nutzen könnte, Das aber verstieße gegen den Spitzbergenvertrag. Schließlich einigte man sich auf eine typische Spitzbergenlösung. Im Tower des neuen Airports sitzen jetzt Russen und Norweger gemeinsam und überwachen die täglich einschwebende Braathens-SAFE-Maschine. Sie benötigt von Tromsø eineinhalb Stunden Flugzeit, von Oslo drei Stunden.

Die Infrastruktur auf den Polarinseln ist noch sehr unterentwickelt. Außer dem kleinen Flughafenhotel gibt es kaum Übernachtungsmöglichkeiten für Besucher, es sei denn, sie stellen ihr eigenes Zelt auf, bauen sich einen eigenen Schneeiglu. Die meisten Spitzbergenbesucher kommen per Kreuzfahrtschiff und übernachten in den komfortabeln Kabinen.

Abenteuerurlaub auf Spitzbergen wird jetzt von mehreren Veranstaltern angeboten, geführte Touren in die Eis- und Schneeregionen „von den Tundren zu den Gletschern". Jeder der gut ausgerüsteten Wanderer trägt sein ganzes Gepäck auf dem Rücken und baut sich abends sein eigenes Übernachtungsquartier auf.

Svalbard wird gerne als Europas letzte Wildnis bezeichnet. Auf einer 62 700 Quadratkilometer großen Fläche machen sich die besiedelten Zonen gerade mal wie Stecknadelköpfe aus. In dieser Wildnis hat man reichlich Gelegenheit, arktische Tiere in freier Wilbahn zu beobachten. Auf dem Treibeis tummeln sich Seehundkolonien, Walrösser und Eisbären, denen man besser nicht zu nahe kommen sollte. Durch die Tundren trollen Polarfüchse, wilde Rentiere und rund um den Vogelfelsen der vom Golfstrom gemilderten Westküste fliegen 160 verschiedene Arten von Vögeln.

Die Temperatur ist das ganze Jahr über kühl. Sie liegt im Winter zwischen -8 bis -16 Grad Celsius und steigt in der langen Sommerzeit gerade auf 4 bis 5 Grad über den Nullpunkt. Der Boden friert bis zu 300 Meter tief zu und taut im Sommer nur an der Oberfläche auf.

Norwegen - Abenteuerland zwischen Öl und Eis, Natur pur auf Fjell und Fjord, Reiseland für Individualisten. Wir fuhren auf der Eismeerstraße von Oslo bis nach Kirkenes und zurück, eine Strecke von zusammen 5600 Kilometern. Ebensolang waren die zahlreichen Abstecher durch Südnorwegen, durch das Land der Trolle und Fjorde, auf den Spuren von Edvard Munch und Peer Gynt, Fähren brachten uns auf die Inseln der Lofoten, Vesterålen, nach Spitzbergen. Wir endeckten jahrtausendealte Kulturen, folgten den Spuren der Nomaden, die aus dem Osten nach Lappland einwanderten, ließen uns von der Pracht alter Hansestädte und mächtiger Kathedralen beeindrucken. Was uns aber am meisten faszinierte, war die menschenleere Weite, die Großartigkeit der Natur des Nordens.

Wikingerfahrt. Nach einem Gemälde von H. Hendrich.

Oslo and its museums: hands-on history

Norway is known to us all as the land of forests, fjords, mountains, glaciers, rushing salmon streams and endless tundra. Here, in the far north of Scandinavia we find the human race living in rare harmony with nature and exposed to natural forces - the oceans, the weather and the earth's magnetic field - as nowhere else in Europe.

Norway measures 1752 kilometres from north to south as the crow flies. The northernmost part is extremely narrow, and in the latitude of Narvik only a tiny strip of little more than six kilometres separates the Atlantic coast from the Swedish border. The coastline of Norway, nominally 2,650 kilometres long, measures a lot more if one includes in the calculations all the bays and deeply-incised fjords along its length. The result is an staggering 21,347 kilometres, nearly half the circumference of the earth.

Reindeer, Vikings, and the midnight sun have all made Norway famous, but its significant contribution to the arts and sciences should not be forgotten. The dramatist Henrik Ibsen and the novelist Knut Hamsun, a Nobel prize winner, were both native Norwegians, as was the composer Edvard Grieg. Norway was also the home of two highly unconventional artists, Edvard Munch and Gustav Vigeland.

Norway's tradition of exploration dates back many centuries. It was from the sheltered harbours of the fjords that the dauntless Vikings set off on their voyages of discovery. Five hundred years before Columbus the Viking Leif Erikson crossed the North Atlantic and reached America. Much later, the Polar explorers Fridtjof Nansen and Roald Amundsen set out from Norway's Arctic ports to investigate the unknown and perilous world of Arctic and Antarctic pack ice. In our own time, Thor Heyerdahl's researches in his Oslo Institute led him to believe that the South Sea islands were first settled by South American peoples. To prove it, he built a balsawood raft, the Kon-Tiki, and sailed 8,000 kilometres across the Pacific, from Peru to the remote Easter Island. Years afterwards, suspecting there was a link between the pyramids of Egypt and South America, Heyerdahl undertook a further voyage across the Atlantic from Morocco to Barbados in a primitive papyrus raft named Ra II, thus proving that the North African peoples were quite capable of exporting their culture as far as the Gulf of Mexico.

On Oslo's museum island of Bygdøy nearly everything of significance in Norway's history of seafaring is on exhibition. The Vikingskipene Museum, for instance, possesses three intricately carved Viking ships dating from the ninth century. Excavated from grave mounds around Oslofjord, they were never designed as seagoing vessels, but served to bear members of the nobility and royalty to their last resting place in Valhalla. Originally the ships were filled with burial objects, then covered with a layer of clay, a practice which ensured they have remained intact till the present day.

Only a short distance away from Vikingskipene is the Norwegian Maritime Museum, where an assortment of yachts, whalers and freighters lie at anchor. The main attractions are the famous Polar ships Gøa and Fram, the expedition vessels used by Nansen and Amundsen to explore the Poles. The Fram was the first ship in the world to penetrate so far north into the Arctic and so far south into the Antarctic.

Anyone interested in the history of Norway, most especially the Viking era, should also reserve plenty of time for the Historisk Museum which offers a veritable treasure-trove of historic exhibits: ancient jewellery, amber figures, coins, pottery, axes, swords and fishing implements. Information boards illustrate how the first communities were set up in Scandinavia in about 6000 B.C. as the glaciers of the last Ice Age were beginning to melt. The newcomers, Indogermanic tribes, came from two different directions; those from the east settled in Finnmark, while those from continental Europe settled in the south of Norway and Sweden.

The Viking Age began in about 800 A.D. For five hundred years the Vikings terror ised the coasts and waterways of Europe and explored the known world in their longships. English readers might recall that the last conquest of their country was by a king of Viking stock. In 911 a huge and fearless Viking named Rollo landed in France and established the colony of Norseman's land, or Normandy, and it was one of Rollo's direct descendants who successfully invaded Britain in 1066, thus becoming known to history as William the Conqueror.

The history of Norway as a united country starts in about 900 A.D. when the Viking Hårald Harfagre (Fairhair) founded the first kingdom of `Nordvegr' - the land on the north way. Until the 14th century Nordvegr encompassed the area of present-day Norway and parts of Sweden, but when the plague struck this sparsely populated country, so many inhabitants died that it took centuries for the land to recover. Thus weakened, Norway was ruled alternately by Denmark and Sweden. Not until the 19th century did the country begin to free itself outside control.

The best way to approach to the capital is by water. Long before the skyline of Oslo comes into view, passengers standing on the high bows of the ferries can contemplate at leisure the 100 kilometre-long Oslofjord with its wooded shores, its sand and pebble beaches and its imposing mansions set among the reedbeds. Oslo itself is surrounded by rolling hills; the visitor's first impression is of the green copper roofs of the churches and government buildings, the flags fluttering along the promenade, the glass facades of the office blocks and, towering above the city, the eye-catching silhouette of the Holmenkollen ski jump. Above the confusion of ships and harbour buildings emerge the two asymmetrical towers of one of Oslo's best-known landmarks, the austere brick City Hall, a controversial design dating from the nineteen-forties. It was officially opened in 1950 to celebrate Oslo's 900th anniversary and was decorated both inside and out by twenty-eight Norwegian artists working over a period of nearly twenty years. The large painting in the hall illustrates Norway and its people at work and play, while frescoes and reliefs around the exterior display stirring scenes from Nordic mythology.

Opposite the City Hall stands the harbour castle, Akershus, built in about 1300 by King Håkon V. A fire ravaged this grim fortress in the 17th century and it was rebuilt in Nordic Renaissance style, although remains of the medieval stronghold can still be found in the north and west wings. The grounds and parts of the interior are open to the public and the state rooms are used for official functions and for receiving prominent visitors.

Summer brings an almost Mediterranean atmosphere to the harbour quay. Tourists stream cheerfully from yachts and pleasure steamers, Oslo's young people sit at pavement cafes enjoying the warm sun, street entertainers and buskers amuse the public in front of the harbour restaurants and acrobats and mimesters display their skills from Akershus to Aker Brygge. Visitors should take note of Akers Mechanische Vaerksted, a former machine factory which a few years ago was converted to a modern shopping and culture centre with fashionable boutiques, exotic bistros, Nordic-style restaurants, concert halls, theatres, cinemas and discos, a great asset for the city.

Oslo, with fewer than half a million inhabitants, is neither a rowdy nor an overwhelming metropolis. Its area, however, exceeds that of any other European city. Oslo's inhabitants have plenty of room both to live and work, which guarantees them an enviably high standard of living. Most of the city's main attractions are within walking distance of each other, situated between the Palace and the main railway station. These two are connected by Oslo's main shopping street, Karl Johans Gate, which is lined with exclusive shops, hotels, restaurants and the offices of shipping lines and airlines. In the cafe of the Grand Hotel Ibsen used to take afternoon tea and the balcony of the hotel's luxurious Ibsen Suite affords a fine view over Pipervika bay. An extraordinary number of pretty blonde young girls can be found strolling along Karl Johans Gate, many of them students from the university situated at the far end of the street. The lower part of Karl-Johans-Gate is politicians' territory, for here stands the Storting, or Norwegian parliament.

Museum lovers will find plenty of important collections in Oslo. The National Gallery has a impressive assortment of paintings by Scandinavian masters and European Impressionists; in addition there is an El Greco and a number of Rembrandts. The Natural History Museum illustrates the geological history of Norway, its flora and fauna. The Edvard Munch Museum (Tøyengate 53) possesses a comprehensive collection of works by Norway's most famous artist. Munch (1863-1944), a pioneer of Expressionism, left his home town a legacy of 1,100 paintings, 4,500 sketches, 18,000 prints and six sculptures. As it is impossible to show the whole collection at one time, the museum organises thematic selections of the artist's work. Munch's paintings are characterised by their powerful depictions of fear, passion and rage (as in the famous painting of 1893 entitled "The Cry"). As a complete contrast, the Frognerpark exhibits 650 sculptures by Gustav Vigeland (1869-1943). In the centre of this well-kept park there is a hill topped with a seventeen-metre-high phallic pillar adorned with 121 intertwined human figures. Birth and death and the everyday preoccupations of man's life are the main themes of Vigeland's work.

South Norway: from Skagerrak to Prekestolen

We escape from the heavy traffic around City Hall Square, leave the metropolis and turn south on European Highway no. 18, which runs from Stockholm to Oslo and on to Stavanger. The road winds between woods and meadows until it reaches Halen Drammen, an important Norwegian commercial centre. There is little of interest to the visitor in this city of 50,000 inhabitants apart from the "spiral", a spindle-shaped quarry driven 1,640 metres into the heart of a mountain. The mine, which supplies road-building material, winds down through the rock like a coiled serpent, ending above ground in a 200-metre-high viewpoint.

From Drammen the road runs along Oslofjord to Larvik, Norway's main timber port. Larvik is also a health resort and is the only town in Norway where mineral springs supply water for bottling. Along our route there are plenty of reminders of Norway's pagan past - Viking burial mounds, Bronze Age and Iron Age monuments and ancient boat-shaped graves fashioned from standing stones. This region was the original home of the Goths, who, for reasons still unclear, uprooted themselves in the Dark Ages to conquer and finally colonise large parts of Europe.

Around the millenium, Stavanger and Haugesund were both major Viking strongholds. From here these ruthless and intrepid explorers (Viking actually means sea-rover) set off in their elegant longships to Britain, Ireland, Greenland, Russia, Siberia, and the Mediterranean. They also penetrated the major waterways of Europe and were so feared that Christians regularly prayed for delivery from "the fury of the Norsemen". But virtually no-one was safe from the Vikings. They rowed up the Rhine to raid Cologne and Mainz, disappearing with their booty as fast as they had come. In the ninth century a fleet of Viking ships reached the heart of France via the Loire and the Seine. The pirates plundered the city of Paris, striking terror into the hearts of all who encountered them.

The province of Telemark stretches from the pebble beaches of Skagerrak to the northern highlands. The lowlands of the province have been farmed since time immemorial, and the hills are dotted with black and white Frisian cattle. In summer the mountains of Telemark are a holiday paradise for mountain walkers, in winter a mecca for cross-country and downhill skiers. Morgedal has become famous among winter sports enthusiasts as the birthplace of skiing as a sport. It was here in 1800 that a farmer named Sondre Nordheim invented the Telemark, the elegant ski turn that has enjoyed a renaissance in recent years.

Along the North Sea coast there is a chain of attractive holiday resorts, and many Scandinavians spend their summer vacations in one of the whitewashed, red-roofed cottages that surround the beaches of fine white sand. Places of interest include Grimmstad, where Henrik Ibsen spent his youth (Ibsen museum) and Kristiansund, capital of Vast Agder, with its picturesque town centre. Kap Lindesnes, the southernmost tip of Norway, lies near Mandal, 2,518 kilometres from North Cape by sea.

In contrast, Stavanger, the capital of the province of Rogaland, seems to belong to another world. An abundance of modern buildings, supermarkets, amusement arcades and banks have given Stavanger the nickname of the 'Dallas of the North'. The discovery of rich oil fields in the North Sea has brought new wealth to this former fishing town, which has become an administrative and supply centre serving the offshore oil rigs. In spite of rapid urban development, Stavanger's historic Old Town has luckily been preserved. The interested visitor will find pretty houses surrounding the market place along the harbour and a Romanesque cathedral dating from the 12th and 13th centuries. It is well worth taking a trip from the jetty to visit the nearby fjords and islands and of course to admire the natural wonder of Prekestolen (the pulpit), a distinctive 600-metre-high rock formation that towers over Lysefjord as if hacked out by a giant with an oversized axe.

Bergen and Edvard Grieg: messengers of Norwegian culture.

Our round trip continues through western Norway, into the land of deep-cut fjords and high, glacier-covered mountains. The gateway to this spectacular region is the city of Bergen, where we make our next stop. No cruise liner fails to dock in Bergen. It is the capital of the north and Norway's second largest city, with the doubtful distinction of having the highest precipitation in the country. Here, on the high land of the coast, the prevailing westerly winds deposit rain upon the city all year round, giving it a mild, damp climate. Until the mid-nineteenth century Bergen was only accessible by water and not until our own times was the road connection to Oslo completed, with its treacherous passes, tunnels and bridges over Hardangervidda and Fillefjell.

Bergen was founded in the year 1070 by King Olaf Kyrre (Olaf the Peacemaker). The golden age of Bergen came in the fourteenth century, when it associated itself with the Hanseatic League, a powerful and prestigious association of medieval commercial cities. The League set up warehouses and offices in Bergen, at that time the capital of Norway. Trading was a straightforward affair: fish and hides were exchanged for imported salt, grain, beer and wine. The Hansa also brought a hint of a more sophisticated, cosmopolitan culture to the harsh world of the fjords. Bergen's wooden houses were more than once destroyed by fire, but the German quarter, or Tyske Brygge, was rebuilt time after time in traditional Hanseatic style. Today the Hansa Museum can be found in just one such carefully preserved dwelling. Other sights in the centre of Bergen include the medieval fortress of Bergenhus overlooking the harbour, the colourful fish and flower markets, the 12th century church of St Mary (the oldest building in Bergen), the Romanesque cathedral with its arched Gothic windows and the Fishery Museum which introduces the visitor to all aspects of Norwegian deep sea fishing.

Ten kilometres out of Bergen stands Edvard Grieg's house in Troldhaugen (now a museum), where the composer of the music to "Peer Gynt" spent the last twenty-two years of his life. The annual Bergen festival takes place in May and June in Grieghallen. A recommended outing is to the open-air museum in Gamle Bergen, where a complete 18th century village has been reconstructed on the northern shores of Byfjord.

Above Bergen, the heights of Ulriken (642m) and Fløyen (320m) afford excellent views over the harbour, the fjord and the coastal islands. Bergen itself is the home port of the Hurtigruten, the legendary mail ships renowned for their speed. Nowadays the Hurtigruten, although still supply ships, have been converted to accommodate passengers as well. The comfortable, if not luxurious, Hurtigruten sail all year round through the diverse world of the fjords and islands of Lofoten and Vesterålen, towards the Arctic ports of Tromsø and Hammerfest and finally round the North Cape in the direction of Kirkenes on the Russian border.

The western fjords, glaciers and waterfalls

The scenery of Norway's north-west offers a wealth of enthralling sights; fjords, lakes, green valleys, high mountains, glaciers and Arctic plateaus. The Norwegian fiords are actually sunken valleys into which the sea penetrates up to 180 kilometres inland. As the fjords contain salt water they do not freeze in winter. They were formed in the last Ice Age, as descending glaciers scoured deep ravines into the coastal mountains. At the end of the Ice Age the glaciers melted and the sea advanced inland. An extraordinary feature of the fjords is the fact that although they can be up to 1,200 metres in depth, they are very shallow at the point where they meet the open sea. This means that only relatively warm surface water, heated by the Gulf Stream, reaches the fjords from the ocean. The water temperature in the fjords is therefore surprisingly high considering that icy streams constantly tumble into them from the highland glaciers. In summer it is even possible to bathe in full view of the snow-covered mountains.

Four main fjord systems cut into the ancient black rocks of this coast and branch out ever more finely into the land. South of Bergen lies the great Hardangerfjord, 179 kilometres long and reaching a depth of up to 830 metres. Waterfalls thunder down the sheer granite walls that frame most of the fjord, although in a few places the mountains retreat to make way for fields and woods, where farms and hamlets perch above the inky blue waters like eagles' nests. In late spring Smrfjord, a branch of Hardangerfjord, looks like an Impressionist painting. Thousands of daffodils, snowdrops, spring snowflakes, cowslips and dandelions cover the meadows in a brilliant carpet and in the orchards the fruit trees are a mass of delicate blossoms.

North of Hardangerfjord is Sognefjord, the second of the great fjord systems. Sognefjord is the longest fjord in Norway, 240 kilometres long, up to 1,240 metres deep but only five kilometres wide. Its moods range from sombrely forbidding to captivatingly beautiful, but even at the best of times Sognefjord remains a gloomy place, Its dark waters are surrounded by the massive backdrop of Jostedalsbreen and Jotunheimen, Scandinavia's highest mountain ranges, topped by the peaks of Galdhøppigen (2469 m) and Glittertinden (2464 m). The scenery is reminiscent of the Swiss lakes that lie beneath the great Alpine summits of the Jungfrau, the Mönch and the Eiger, except that here in Norway the tips of the shimmering blue-white glaciers descend right to the water's edge.

Nowhere are Norway's fjords more oppressive, nowhere more impressive, nowhere more broodingly claustrophobic than in Naerøfjord, a branch of Sognefjord. Indeed, this shadowy fjord is so narrow that it winds like a river between precipitous rock faces that rise a thousand metres from the dark waters below. Even at the height of summer the sun only reaches the bottom of the chasm for a few moments. This uniquely fascinating, mysterious fjord is only accessible by ship, for there is no room for a road in the valley itself.

The fjord systems of Nordfjord and Innikfjord are similar to their southern neighbours, although they do not penetrate so far into the mountains. At their heads lie the pleasant holiday resorts of Stryn, Loen and Olden, the starting-places for excursions into the glacier world of Jostedalsbreen. We take the route which leads from Olden along the glassy waters of Lake Olden to Briksdal, where we leave our car at a mountain hut to begin the hour-long ascent to the glacier, 486 square kilometres in area and up to half a kilometre thick. At the top, the scene that meets the eye is of a breathtaking, archaic beauty. Before us, floes and icebergs glide silently over a mountain lake. Above it, tremendous torrents of water and ice hurtle relentlessly from the edge of the glacier into the grey-green waters below.

Well-equipped walkers should make for Loen and join the exciting glacier excursion over Kjenndalsbreen. In recent years Stryn has become the mecca of skiers and snowboarders who can speed over the glacier slopes all year round; no end in sight to the Ice Age here.

The more leisurely visitor will almost certainly make for Norway's picture-book Geirangerfjord, at the far end of Strofjord. This is the Norwegian fjord par excellence that is illustrated in all the travel literature and represents everyone's idea of Norway. There are steep granite cliffs, 1,800 metres high and topped with snow, from which mighty waterfalls cascade into the gorge and wispy streams drift downwards in silvery threads. The lush green meadows are dotted with wooden huts with grass and bushes growing on their roofs and at the far end stands the idyllic little town of Geiranger that originally gave the fjord its name.

Åndalsnes, on Moldefjord, is an ideal base from which to explore the northern fjords. At this point begins the so-called Golden Path, a route that connects some of Norway's most spectacular natural wonders. The drive begins in the romantic Romsdal with its remarkable salmon leaps, and winds up through the dense deciduous woodlands of Istertal. Then it climbs up Trollstig via thirteen dizzying hairpin bends to cross the 852-metre-high pass through the Trollen, awesome peaks reminiscent of the Dolomites. For centuries this perilous path was the main route between the provinces of Sunnmore and Romsdal.

Oppland: the green heart of Norway

The trolls, those malicious goblins of Nordic mythology, loved to confound travellers; present-day Norway is just as good at astounding visitors, albeit in a pleasanter way. As an example, take the rivers. The sources of Norway's main rivers are in the extreme west of the country, near the Atlantic coast. They rise from the glaciers and mountain ranges of Jotunheim, Dovrefjell and Valdesflya, but instead of making the expected descent westwards into the nearest fiord, the mountain streams make an abrupt turn and flow south-east for two or three hundred kilometres before flowing into the ocean through Skagerrak and Oslofjord. The winding course of these rivers means that southern Norway is characterised by a series of wide, fertile valleys such as Numedal, Hallingdal, Valdresdal and Gudbrandsdal, protected from the harsh westerly winds and watered unceasingly by fast-flowing mountain streams. This fruitful land was obviously attractive to early settlers to the country, and the wealth generated by their produce resulted in a rich, distinctive culture and architecture and a thriving folk tradition.

One of these rivers, the Begna, branches out extensively into a wide valley forming an ever-changing landscape of deep-blue lakes and white pebble banks, rushing waterfalls and gently-flowing weirs. In every direction dark green woodlands extend to the horizon and the snowy peaks of Glittertinden, Galdhopiggen and Snøhetta sparkle in the distance, making the Begna valley one of the most beautiful in Norway.

Plentiful examples of folk art can be found in this unspoiled landscape. Wall paintings and carvings embellish the farmhouses, and some villages are clustered around so-called stave-churches, ancient wooden structures with curious gabled roofs, supported on masts rather than pillars. From a distance they almost resemble stranded sailing ships and indeed Viking boat-building techniques strongly influenced their design.

The conversion of the Vikings to Christianity was a long, arduous and not altogether successful procedure. The Christian missionaries who arrived from England around the millenium had a hard time discrediting the old Germanic gods, and even today the stave churches are embellished with distinctly pagan symbols like dragon's heads and snakes. The conversion of Scandinavia required a good deal of compromise between the old and the new, and Viking images of Christ and the saints bore a striking resemblance to Wotan, Freya and Thor. The wooden roofs of the stave churches are hardly constructed on the normal lines of European ecclesiastical architecture, resembling eastern pagodas more than anything else, and in general Norwegian stave churches can be considered as unique, a branch of architecture in themselves. Originally there were about one thousand stave churches, of which only twenty-five remain, for wood is an impermanent building material compared to stone. The once colourfully-painted churches are now covered with dark layers of tar or other protective substances, although the interior of the churches was always dim and mysterious, for there are no windows, only an open skylight in the tower. A brief guide to stave churches: the most interesting is Borgund, near Laerdal, the oldest in Urdal on Lusterfjord, the largest in Fantoff near Bergen and the most colourful in Ringebu near Lillehammer.

Roughly fifty kilometres north of Valdresdal we come to the most famous of Norwegian valleys, Gudbrandstal. It is fed by the waters of the River Lagen, whose source lies in the snow-covered heights of Snøhetta (2286 m) in the Dovre massif. The Lagen runs for 230 kilometres before reaching Oslofjord and the sea. Along the way it gushes down narrow rocky gorges, courses sluggishly around islands and pebble shoals, drifts through lush green water-meadows, broadens into a lake that reflects the fluffy white cumulus clouds sailing high overhead. There is a Nordic melancholy about this river, though the landscape has none of the chilly primeval atmosphere of the fjords. Along the banks there are villages and market towns, while the local farmhouses have an air of solid, enduring prosperity quite lacking in pretentiousness. The province of Oppdal is a popular holiday area for Norwegians both in winter and in summer, and the town of Lillehammer is now considered to be Norway's foremost ski resort, selected to host the Winter Olympics in 1994.

The province of Oppdal, with four national parks, offers endless activities for the visitor, from white water canoeing and rafting to pony trekking and hang-gliding. Less energetic visitors can take a trip across Lake Mjøsa on the world's oldest paddle steamer, the Skibladner, which regularly ferries passengers between Gjøvik and Hainar, or explore the mountainous region between Jotunheim and Dovrefell in search of Peer Gynt, an enigmatic character from Norwegian folk tales. Ibsen made Peer Gynt the hero of a drama and Grieg's music to the play soon became one of his most popular works. The experts are still divided on the site of Peer Gynt's birthplace. Some say it is in Vinstra, in the building now occupied by the Tourist Office: others maintain it is in Maihaugen near Lillehammer, a part of the open-air museum which so impressively embodies the history of the agricultural community in Oppland.

The Peer Gynt route starts in Svingvoll and winds through a variety of scenery for nearly sixty kilometres, carefully avoiding the main roads. Food and accommodation are much in evidence along the way. There are any number of mountain restaurants and comfortable inns bearing Peer Gynt's coat of arms, many offering delicious baked trout fresh from their own trout ponds.

Far older than the Peer Gynt route is the King's Way, a track that was laid out in medieval times. It leads directly north from Oslo, the present seat of government, to the town of Trondheim, in whose cathedral Norwegian kings are, by tradition, crowned. Visitors who follow the King's Way will find a number of historic houses along the route, all situated at regular intervals, and all designed to feed and accommodate the king, his retinue and the horses. The tortuous cobbled road which provided such a gruelling challenge to the monarch and his court can still be seen winding up the southern slope of Fillefjell, though nowadays the course of the King's Way can be followed effortlessly by car.

Trondheim: a royal town

The history of Trondheim (pop. 135 000) is closely bound up with the history of Norway itself. In about 900 the Viking Harald Fairhair became the first real king of Norway and the founder of a powerful dynasty. His son Eric Bloodaxe left Norway for Britain to become king of York, but in 997 his grandson Tryggvi Olafsson built a royal residence among rolling hills on the banks of the Nidelv in Trondheimfjord and erected a wooden church nearby. Tryggvi Olafsson's successor, the well-loved King Olaf Haraldsson, founded a royal town around the palace and the church. The town was named Nidaros, and it became the nucleus of medieval Norway and later the centre of present-day Trondheim.

King Olaf Haraldsson, nicknamed Olaf the Stout, succeeded in putting both the monarchy and Christianity on a firm footing in Norway. Olaf died at the battle of Stiklestad on July 29th, 1030 and in the resulting confusion was only given a hasty burial. When the grave was opened a year later to provide Olaf with a royal funeral, his body was found to be quite intact and the hair and nails had even grown. Miracles were reported from his tomb until finally Olaf was canonized and declared to be the patron saint of Norway. Thousands of pilgrims flocked to his shrine on the altar of the church in Nidaros; the small wooden building was soon found inadequate and a new cathedral was built. Modelled on the great English cathedrals, it was begun in Romanesque style and continued in Gothic. Trondheim cathedral has been destroyed many times over the centuries, plundered by Danes and Swedes, its treasures and relics removed to Copenhagen to disappear without trace. Yet this great stone edifice remains a formidable monument to Nordic Christianity, and to this day Norwegian kings are crowned within its majestic walls.

From the 70 metre-high observation platform and the revolving restaurant in the Television tower the visitor has a bird's eye view of the town below, of the wooden bridge spanning the river Nidelv, the rust-coloured warehouses and the Archbishop's palace at the foot of the cathedral tower. Overlooking the rooftops of the Old Town are the spires of nine churches and abbeys, grouped around the modest royal palace of Stiftsgården.

Trondheim harbour, on the other hand, is large and imposing, for it serves not only Trondheim itself but also the province of Trøndelag and the whole of the north, from the islands of Ålesund to the Arctic circle.

The long road to the Artic

Leaving Trondheim, we drive northwards along the E6, the Arctic Ocean Route. It is 600 kilometres from Oslo to Trondheim and a further 1,800 kilometres from Trondheim to North Cape. As the speed limit is 80 kilometres (50 mph), this amounts to a very long drive.

The main road to the north is good, however, and the black strip of asphalt follows the coast at a respectful distance, thus avoiding all the tiny bays and fjords along the way. It is an open landscape, with few signs of habitation; here a red wooden house, there a punt rocking gently beside a jetty, people little in evidence. The E6 itself, however, is crowded, and the traffic increases from year to year, with ever more caravans, cars and motorbikes making for North Cape in the summer months.

The Saltfjell massif marks the Norwegian north-south divide. From here onwards the climate is harsher, as evidenced by the sparse vegetation. Only spruce, mountain pine and birch trees grow north of Saltfjell, with Alpine plants like anemones, daphne, bilberries, bearberries and cotton grass. Along the Arctic Circle there are vast conifer forests, 400,000 hectares in area. The cold does not deter animal life and foxes, pine martens, beavers, otters, elks, wild reindeer and even the occasional bear live in the National Parks. Above the bays gannets, puffins, Arctic skua and sea eagles circle in search of prey; rare birds like willow grouse, ptarmigan and capercaillie inhabit the tundra and salmon and trout leap the rapids to reach their spawning grounds upstream. In the season, fishing permits are available for keen anglers hoping to catch a char or an eel in one of the region's 28,000 lakes. Some animals are strictly protected, of course, like the seals, dolphins, whales and porpoises of the northern fjords. Unfortunately, overfishing has meant that the stocks of edible fish have been greatly depleted in recent years and these days Norwegian pollack, halibut and cod are more likely to come from breeding stations than from the high seas.

The region of Rana, south of the Arctic circle, has plenty of spectacular scenery to delight visitors. The snow-covered mountain of Mofjell is a popular viewpoint in summer and a ski centre in winter. Other sights include the strange erosion holes known as glacier mills, the limestone caves of Grønli and the mighty Svartisen glacier, 370 square kilometres in area. Visitors can take a trip in a motorboat to view from close at hand the gigantic chunks of ice which topple from the edge of the glacier into the blue-green waters of the lake below.

And so we near the next stop in our Norwegian journey, the Arctic Circle, that imaginary line that girdles the earth at a latitude of 66°32" and marks the point at which the sun does not set during midsummer and does not rise during midwinter. There are a number of monuments by the roadside to remind us that we have reached the Arctic, but we found ourselves more drawn to the reconstruction of a pagan religious site, complete with Stone Age drawings.

Lapland: Europe's last wilderness

A enormous sea of light covers this northernmost tip of Europe. Here one involuntarily broadens one's horizons, in more senses than one. The fjords are wider than elsewhere, the snow-capped mountains seem higher when they emerge straight from the sea, the air is lighter, the sky clearer, and the view extends for miles over tundra and birchwoods until they are swallowed up by the distant horizon.

The sun is so brilliant, so magical, that in this country it has become a symbol of the life force. The light is harsh yet gentle, warm yet cold, soothing yet stimulating. The summer lasts one day (from mid-May to the end of July, depending on the latitude) and the winter one night (from November to the end of January). Some precise dates: in Alta the midnight sun shines from 16.5 to 26.7 and the polar night lasts from 24.11 to 18.1: in Hammerfest the midnight sun shines from 13.5 to 29.7 and the polar night lasts from 21.11 to 21.1: at North Cape the midnight sun shines from 11.5 to 31.7 and the polar night lasts from 31.11 to 23.1.

Nature apparently adjusts readily to these strange rhythms. During the season of the midnight sun, there is no break between the evening song of the birds and their morning chorus and the people of the area find themselves in a summery mood with little need for sleep. Those who live within the Arctic Circle are a rough breed, though they are also friendly and helpful. There were bitter battles in the wilds of Lapland in the Second World War for, deserted as this land seems, Narvik, Hammerfest and Nordkapp had a strategic importance that they have retained even today.

Frontiers do not seem to exist this far north, or at least they are virtually ignored. Norway, Sweden and Finland apparently merge into one and even the Commonwealth of Independent States joins in. Elks, wolves, bears and reindeer wander at will from the Russian peninsula of Kola into Norway's Finnmark-Vidda, just as the Laplanders do with their herds. From the Lapps' physiognomy, culture and language, it is assumed this was the way they originally reached Lapland, following their herds out of the east.

Lapps are proud of their own traditions and do not align themselves with any particular political unit. There are still 400,000 Lapps left in the north, although most of them now lead a settled existence. The men earn a living as dockworkers in Narvik, as drivers in the iron ore workings of Kiruna or as fishermen and farmers in the settlements between Hammerfest and Kirkenes. Only about 4,000 Lapps still lead a genuinely nomadic life. Some still sport their colourful traditional costumes in order to attract tourists to their tents and sell them souvenirs made of reindeer skin and antlers.

Reindeer provide the basis of the nomads' livelihood. Even the smallest child possesses a large number of these animals, which in summer wander freely over the plateaus between the fjords. In winter the Lapp settlements become a hive of activity as the animals are rounded up in their thousands, counted, marked, slaughtered and sold. In front of the tents the nomads pile heaps of antlers and set up long poles on which the skins are spread out to dry.

The image of Lapland as a land of dusty tracks, bear hunts, gold diggers and all imaginable discomforts is hardly correct. It is rather an encounter with untouched nature, where gnarled mountain pines are buffeted by relentless winds, rocks are carved into bizarre forms by ice and animals roam free as nowhere else in Europe.

The industrial town of Narvik soon brings us back to earth. Iron ore is transported to Narvik harbour in huge containers from Kiruna, 156 kilometres to the north, then loaded on to freighters. Interested visitors can take a train from here to the mines in Sweden, and even take their car too if they wish. Not to be missed is the trip by cable car from Narvik to Fagernesfjell, 700 metres high. From the summit there is a magnificent panorama of Ofotfjord and the distant archipelagos of Lofoten and Vesterålen.

Lofoten: islands in the wind

Rocks and sand, water and wind, these are main ingredients that go to make the Lofoten. Lying like a shield off the north-west coast of Norway, these islands of ancient black, weathered rocks are three or four thousand million years old. They are a distinctive sight in the deep blue Arctic Ocean, with their white sandy beaches and dark precipitous cliffs which plunge a sheer one thousand metres to the pounding waves below. Above the cliffs there are bare mountain tops and treeless peaks, all mercilessly exposed to wind and weather.

The Lofoten are not entirely lifeless, however. Moss grows in the rock clefts, flowers bloom on south-facing slopes and in sheltered valleys local farmers even manage to grow grain. This is due to the influence of the Gulf Stream, which brings a measure of warmth to the islands so that even in the darkest winter months the temperature at the coast rarely sinks below zero.

It is difficult for us to imagine that these islands were inhabited not only by Vikings but also as far back as the Iron Age. A few years ago archeologists on the islands of Vestvagøy discovered a large, thousand-year-old Viking house with a stock of implements and a boat house attached. It probably belonged to the Viking Tore Hjørt, king of Lofoten, who died fighting Olaf Tryggvason in 998 A.D. Even at that time the battles were about business, for the islanders ran a lucrative trade in hides and furs, fish and horn. Seals, reindeer, bears and whales were highly-prized wares, to be exchanged for silver, iron and bronze goods from the south. A visit to the Lofoten museum in Storvågen is recommended for a fascinating survey of the history of this archipelago.

Fishing has always been of prime importance for the people of the far north. At one time huge shoals of herring and cod were to be found around the coast of Norway but the stocks have gradually been whittled away and few islanders can now make a living from fishing. Most of them have moved to the towns, Bodø, Tromsø, Narvik and Harstadt, where they work as craftsmen till the fishing season comes round. From January to April they return to their homes and set off in hundreds of fishing boats in search of salmon, halibut, cod and mackerel.

Perhaps because the connection between the Lofoten isles and the mainland is still by ferry and not by bridge, the islanders have succeeded in retaining many of their traditions. Most of the islands are, however, linked to each other by bridges and tunnels, so it is possible to drive the length of the archipelago from Svolvaer in the north-east to Å in the south-west.

Svolvaer on Austvagøy is the capital and administrative centre of the Lofoten islands, the successor to the fabled city of Vågan, which in the Middle Ages was a rich trade centre comparable with Trondheim and Bergen.

In the 12th century King Øystein had a number of primitive pile-dwellings erected in the fishing village of Kabelvåg, designed to serve his fishermen and serfs as living quarters. In the course of time the idea was refined and now the Rorbus, red-painted wooden houses built on stilts, are comfortably furnished and rented out to tourists to bolster the Lofoteners' income. Rorbu holidays are fashionable; the teapot boils on the stove, the rowing boat bobs gently alongside the bedroom and fishing tackle and bicycles lean against the outer wall. A bike is the ideal form of transport to explore the Lofoten islands, for this is a fascinating landscape which is constantly transformed by the ever-changing light. As on the mainland, the coasts are slashed by any number of fjords. The most impressive is Trollfjord which leads into Raftsundet, a narrow strait separating the Lofoten from the Vesteralen islands. The channel, a mere 150 metres wide, runs between two high, steep precipices. Mail ships and pleasure cruisers navigate Raftsundet with great care. Not even a hoot is allowed, for the resulting vibrations may loosen rocks from the jagged cliffs.

Overshadowing the town of Svolvaer is the aptly-named Svolvaergeita (Svolvaer goat), a 569 metre-high double peak which rises almost perpendicularly out of the sea. The two pinnacles are so close that the jump from one to the other, high above the dizzyingly deep chasm below, is regarded as a test of courage for experienced climbers (see page 114). The dreamlike mountain scenery of Moskenesøy, a wild, romantic, fissured island, seems to transport us to another world. Near Ramberg we found the most beautiful beaches of finest white sand, with huge Atlantic breakers rolling in - almost Caribbean, if it were not for the Arctic chill in the air.

Not far from this beach lies the tiny fishing village of Nusfjord, nestling around a small natural harbour. In 1975 the village, whose houses are all painted red, was chosen as a Norwegian pilot project for European Preservation Year. Most of the buildings date from the 19th century and include a few Rorbus that are let to visitors.

The most attractive village on the island in undoubtedly Reine. It is situated on a sickle-shaped peninsula against a striking backdrop of three pitch-black sugar-loaf mountains. Out to sea there is a bizarre jumble of skerries, tiny islets consisting of eroded rocks and pale yellow sandbanks.

All the roads stop, however, at Å. Rocks as big as standing stones block the way, wooden frames hung about with drying cod hinder any further progress. We clamber into a boat to visit the maelstrom, a great whirlpool caused by freaks of tidal flow, immortalized by Jules Verne in "20,000 Leagues under the Sea" and by Edgar Allan Poe in his imaginative story "An Account of a Descent into the Maelstrom."

The little motor boat sets a course towards the islands of Røst and Vaerøy, for between these two lie the treacherous waters of the Moskenstraumen. Suddenly the water beneath us begins to seethe and swirl, tossing our craft out to sea, and it takes all our captain's strength to manoeuvre his boat away from the powerful upsurge of eddying current. The whirlpool is generated by two factors; strong currents in the narrow channel between the islands and a depth difference of over 800 metres between the islands and Vestfjord.

Røst and Vaerøy are best known to ornithologists. Vast colonies of sea birds nest on their rocks; puffins, guillemots, sea eagles, cormorants and kittiwakes. Regrettably, the number of breeding pairs has diminished considerably in the past years, for overfishing and water pollution have affected even these remote northern bastions of the European continent.

On the neighbouring Vesterålen islands there are so-called whale safaris in June and July, photo excursions in the company of an experienced marine biologist. The tour lasts about five hours, and with luck one can spot sperm whales, toothed whales, finback whales, humpback whales, killer whales, dolphins and porpoises, a never-to-be forgotten sight.

Tromsø: Gateway to the Arctic

We continue our journey northwards through the broad tundras of Lapland and eventually arrive in the catchment area of the northern fjords. As in West Norway, the coastline is dramatically serrated with magnificent sunken valleys like Lyngenfjord, Kvaengenfjord, Porsangenfjord and Laksefjord. The landscape is more rugged and wintry than that of the western fjords, the fjords themselves seem larger and wider and the thousand-metre-high mountains even more impressive than those to the south, for their glacier-covered slopes descend almost directly into the sea. Set in these magnificent surroundings is the town of Tromsø, built on two islands in Gøtsund. Thanks to its sizable harbour, Tromsø has gained a name as the gateway to the Arctic. It was in Tromsø that the great explorers Amundsen and Nansen set off on their Polar journeys and in Skansen there is a Polar Museum with many original exhibits from their expeditions, such as Amundsen's thermos flask and tin mugs and the little barrels of cognac that Nansen took on every journey. Tromsø is in many ways a remarkable place. It is Norway's second largest town, in area at least, and its 2,500 square kilometres includes the districts of Kvaløyn, Ringvassøy, and parts of the mainland. Tromsø is the home of the world's most northerly university (Faculty of Fishing included), the most northerly Roman Catholic diocese and the most northerly brewery, Mack Øl, whose golden-yellow Met beer is served in only 60 bars.

The most prominent landmarks of Tromsø are the 1,036 metre-long bridge over the fjord and the world's northernmost cathedral. This huge ultramodern glass building has been a source of much controversy. Some say the design is based on a Lapp tent or an ice block, others maintain it is a marker for UFOs. The cathedral stands just below Storsteinen hill, where a cable car is on hand to transport visitors to the top. From the summit there is a fine view of the town. Storsteinen, a popular spot for winter sports, possesses a ski centre with four ski-lifts and two illuminated cross-country ski tracks, not such a luxury when one remembers the long Polar night. When the pale tip of the sun finally peers over the horizon at midday on January 21st, the elation is universal and the children are even given a day off school.

In spring the countryside makes a rapid recovery from the long polar night, and in June nature seems positively to explode into life. Meadows and river banks are covered with carpets of flowers, and the so-called Tromsm palms come into leaf, though these are no more than giant hogweed plants. The long winter evenings are lit up by the eerie sight of the aurora borealis, or northern lights, streams of luminous greenish-white bands spreading across the night sky. They are caused by plasma, or ionised gas, which is expelled from the sun's outer atmosphere. On its way through the solar system the plasma collides with magnetised particles near the earth's poles, thus creating a strange glow in the upper atmosphere. This spectacle is of course only visible in winter, but summer visitors can still see the northern lights, if not at first hand, in the planetarium in Tromsø's suburb of Breivika, where the phenomenon is explained in detail.

On the way to Hammerfest we stop in Alta to call in at the most famous open air museum in Finmark, situated on the rocky cliffs above the fjord of Hjemmeluft. The museum is remarkable for its stone age rock drawings, which illustrate life in Lapland between six and ten thousand years ago. We can make out human figures hunting, dancing, sitting around a fire, and portrayals of elks and bears, reindeer and salmon.

Our next stop is Hammerfest, the world's most northerly town. Even in Alaska, Siberia and Greenland there is no settlement of comparable size at this latitude of 70°39'48". Hammerfest, with 8,000 inhabitants, the nearest town to the North Pole, is at first sight something of a disappointment for its sheer normality. There is a sheltered harbour surrounded by weathered houses of wood and stone, warehouses, a church with pointed gables, a few hotels and guest houses, restaurants and shops, but no special sights that we can discover. Our most noteworthy find is the two-hundred-year old Polar Bear Club in the town hall in the harbour, where the figures of two bears support a canopy over the entrance. Once an exclusive fraternity, whose members included bear and seal hunters, fur traders, explorers, politicians and film stars, the Polar Bear Club is now open to any visitor to Hammerfest. Hammerfest, if otherwise unexciting, is blessed with a magnificent view of the skerries and the midnight sun from the steep cliffs high above the town.

North Cape - journey to the end of Europe

North Cape, the North Cape, draws an unending stream of visitors, for it is everyone's ambition to stand at Europe's most northerly point. Like Hammerfest, North Cape can be somewhat disenchanting. The journey through Norway to this point is 2,800 kilometres long and when you finally reach the cape and proudly purchase your very own North Cape black moose car sticker, there are four things to bear in mind. First, you will find crowds; more people are clustered around the great North Cape globe than you have seen on your whole tour. Secondly, you are not at the farthest point of the European mainland, but on an island named Magerøy. Thirdly, you are certainly not standing at the most northerly point in Europe. North Cape was discovered in 1553 by Richard Chancellor, an English explorer who was looking for a north-east passage to China and India, and his calculations were not quite accurate; the neighbouring, less accessible peninsula of Knivskjllodden clearly projects further north. And lastly, your visit will come expensive. The parking fee is high, admission to the multivision show in North Cape House is greatly overpriced and the cost of a drink in the champagne bar and a tough reindeer steak in the crowded Panorama restaurant is positively exorbitant. We advise you to slip outside to a quiet spot and contemplate the Arctic Ocean, the uncanny view into the void, the unparalleled sight of the midnight sun and the eternal play of water, winds and clouds.

The terminus of the ships of the Hurtigruten is not North Cape but farther east in Kirkenes on the Russian border. The town was almost totally destroyed in the Second World War, and has since been rebuilt in exaggerated dimensions, with uncomfortably broad streets and widely-spaced blocks of flats. Kirkenes has the atmosphere of a gold-mining town, but in this case the treasure is iron ore, excavated from the mines of Bjornevatn, which means Bear Lake. Many visitors continue along the coast on a day trip by boat to the Russian town of Murmansk.

Svalbard/Spitzbergen: winter on overtime.

High in the north between the latitudes 74° and 81°, on the fringe of the Polar ice cap, lies the most northerly outpost of Norway, the Svalbard archipelago, This group of sizeable islands includes Spitzbergen, Nordaustland. Edgeøya, Barentsøya, Prins Karls Forland, Bjørnoya, Hopen, Kvitøa, Kong Karlsland and a number of uninhabited isles. They extend over an area of 250,000 sq. kilometres of ocean and are only an icy 1,000 kilometres from the North Pole. According to Icelandic chroniclers, the Vikings discovered this area in 1194 on a Polar journey and named the islands Svalbardi fundinn, the cold coast.

Not until 1596 did the second wave of explorers come. The first was the Dutchman Wilhelm Barents, who took the snow-covered peaks, the pack ice and the glaciers to be a part of Greenland. He named his discovery Spitzbergen, the pointed mountains. The main interest of the Dutch was in the whaling industry, as they used whale blubber to make lamp oil. They rapidly established boiler houses and fish processing plants in the Arctic ice and by the beginning of the 17th century the hunt for whales, seals and walruses was in full swing. In the season two or three thousand ships carrying a total crew of 15,000 men would set off for the polar seas on their ruthless quest. Little wonder that the Greenland whale had no chance of survival in such circumstances and is now extinct.

The fishermen were followed by hunters, mainly Russian, who traded in the furs of polar bears and arctic foxes. Almost by coincidence, high quality coal reserves were discovered in the black mountains between the pack ice. The news that the coal seams could be removed fairly simply by open-cast mining naturally led a number of nations, Norway, Sweden, Denmark and Russia, to claim ownership of these bleak islands. The conflict was resolved by a treaty signed in Paris in 1920 which allotted Spitzbergen to Norway on condition that all signatories should have access to the region's valuable minerals; as yet only Sweden and Russia have made use of their rights. In addition, Norway was obliged not to release Svalbard for military purposes, although scientists of any nation were permitted to set up research stations in this most interesting region, a fact which many countries have already taken advantage of.

At present 1,800 Norwegians and 2,200 Russians live peaceably alongside each other on Spitzbergen. The coal mines lie within a radius of 50 kilometres around the capital, Longyearbyen. If this looks vaguely un-Norwegian, it is because the town is named after the American millionaire John Longyear, whose company mined coal between 1904 and 1916. The company's settlement was originally called Longyear City but when the Norwegians took over they decided that `city' was a gross exaggeration and changed it to byen, or village.

Trouble brewed in 1975, when the Norwegians decided to build an air base on Spitzbergen. The Russians claimed that a civil airport could easily be used for military purposes, which would be a clear violation of the Spitzbergen treaty. The result was a compromise: the airport was built, but both Russians and Norwegians sit in the control tower to oversee the daily arrival of the Braathens SAFE machine. Flight time from Tromsø is one hour, from Oslo three.

The infrastructure of these polar islands varies from meagre to makeshift. Overnight accommodation is virtually limited to the tiny airport hotel, unless one is prepared to pitch a tent or build an igloo. Most visitors choose to visit the islands by cruise ship and stop the night in their well-appointed cabins. Adventure holidays on Spitzbergen are, however, offered by a number of tour operators, with guided expeditions into the tundra and the glaciers included. Participants are required to carry their own supplies and set up their own sleeping quarters - a holiday with a difference indeed.

The Spitzbergen islands, whose few minute settlements are scarcely distinguishable on a map, can justifiably be described as Europe's last wilderness. There are plenty of opportunities to observe Arctic animals in the wild, for colonies of seals and walruses live on the pack ice, along with polar bears that are better not approached. Arctic foxes and reindeer can be spotted in the tundra and over 160 different species of bird nest along the rocks of the west coast, where the climate is slightly milder under the influence of the Gulf Stream. The temperature here never rises above four or five degrees in summer, and in winter averages between minus 8° and minus 16°. The ground freezes to a depth of 300 metres and only a thin surface layer thaws slightly in summer.

Norway is a land of adventure, a land of oil and ice, a land of nature in the raw and a land for individualists. We covered the 5,600 kilometres from Oslo to Kirkenes and back by sea, travelled the same distance through southern Norway in search of Peer Gynt, Edvard Munch, trolls and fjords and took the ferries to the intriguing islands of Lofoten, Vesterålen and Spitzbergen. On the way we discovered antique cultures, followed the trail of the nomads through Lapland and admired the old towns of the Hanseatic League with their great cathedrals. But, in the end, what fascinated us most of all was the vast uninhabited wilderness of Europe's northerly outposts, where nature still reigns supreme.

Des Wikings Bestattung. Nach einer Originalzeichnung von A. Zick.

Les musées d'Oslo

Forêts, fjords, montagnes, glaciers, lacs, torrents et rivières regorgeant de saumons, toundras infinies. Paysages grandioses et sauvages de la Scandinavie du Nord. Dans aucune région d'Europe, les hommes ne vivront encore une communion aussi profonde avec la nature, ne seront confrontés aussi intimement à la mer, à la pluie, au froid, au magnétisme terrestre.

A vol d'oiseau, la Norvège mesure 1752 kilomètres du Sud au Nord. Sa partie nord n'est qu'un étroit corridor: Au niveau de Narvik, la languette de terre qui s'étend entre la côte Atlantique et la frontière suédoise n'a que 6,3 km de largeur. Officiellement, le pays possède 2650 kilomètres de côtes. Mais en comptant toutes les baies et les fjords qui découpent le littoral, - certains s'incrustent jusqu'à 180 km à l'intérieur des terres-, on atteint le nombre impressionnant de 21 347 kilomètres, la moitié du diamètre du globe!

Quand on parle de la Norvège, on se représente aussitôt le pays du soleil de minuit, des Vikings et des rennes en oubliant parfois que la science et les arts y occupent également une très grande place. Les dramaturges Henrik Ibsen et Knut Hamsun, le compositeur Edvarg Grieg sont des enfants du pays tout comme le peintre Edvard Munch et le sculpteur Gustav Vigeland qui y ont créé leurs oeuvres singulières. Ce sont des ports protégés des fjords que les marins norvégiens ont entrepris leurs explorations audacieuses des mers et des continents du globe. Le Viking Leif Erikson traversait le Nord de l'Atlantique et atteignait l'Amérique 500 ans avant Christophe Colomb. Les chercheurs polaires Fridtjof Nansen et Roald Amundsen sont partis de ports de l'Océan Arctique vers le monde inconnu et menaçant des glaces du Pôle Nord et du Pôle Sud. Dans son institut d'Oslo, Thor Heyerdal a reconstitué la colonisation des mers du Sud de l'Amérique latine. Sur un radeau de bois de balsa - le célèbre Kon-Tiki -, l'explorateur traversa le Pacifique du Pérou aux îles de Pâques éloignées de 8000 kilomètres. Une deuxième expédition, à bord d'une embarcation en papyrus, le Ra II, l'emmena du Maroc, à travers l'Atlantique, jusqu' à la Barbade aux Antilles. Heyerdal voulait ainsi prouver que des peuples nord-africains, tels les Égyptiens, avaient été capables d'apporter leur culture, les pyramides par exemple, jusque dans le golfe du Mexique.

Bygdøy, l'île aux musées d'Oslo, raconte l'histoire de la nation de marins qu'est la Norvège. D'abord, le musée des drakkars »vikingskipmuseet«: ses trois vaisseaux en bois aux sculptures finement ciselées datant du 9e. siècle, ont été retrouvés dans des tumulus au cours de fouilles archéologiques effectuées dans le fjord d'Oslo. Ils n'ont jamais vogué sur les mers, mais étaient les demeures funéraires de membres des familles royales et princières en route pour leurs derniers voyages vers Walhalla, le paradis germanique. Les navires renfermant de nombreux objets funéraires étaient recouverts d'une couche d'argile, ce qui a permis leur conservation jusqu' à nos jours.

Les musées du Fram et de la Marine se dressent à quelques pas de là. On peut y voir des yachts, des baleiniers, des chalands et comme attractions principales, les célèbres navires polaires Gøa et Fram à bord desquels les chercheurs Nansen et Amundsen sont partis explorer les pôles. Aucun navire ne s'était auparavant avancé aussi profondément dans l'Arctique et dans l'Antarticque que le Fram.

Le musée d'Histoire près de l'université recèle de véritables trésors pour ceux que l'histoire de la Norvège et des Vikings intéresse. Ils y trouveront des bijoux anciens, des sculptures d'ambre jaune, des pièces de monnaie, des céramiques, des armes et toutes sortes d'articles de pêche. Des tableaux décrivent l'arrivée des premiers hommes en Scandinavie, 6000 ans avant Jésus-Christ, alors que les glaciers de la dernière ère glaciaire commençaient à fondre. Les tribus indo-germaniques sont venues de deux directions: celles qui ont migré de l'Est se sont installées dans la région de la Finlande; les autres originaires de l'Europe continentale, ont colonisé le Sud de la Norvège et la Suède.

L'époque des Vikings a commencé vers 800 après Jésus-Christ. Durant 500 ans, ils semèrent la terreur sur les côtes et les fleuves d'Europe, sillonnèrent l'Océan Glacial et découvrirent l'Islande, le Groenland et l'Amérique du Nord. A la fin du moyen-âge, les tribus germaniques (Goths, Normans et Burgondes) reculèrent vers l'Europe centrale où elles créèrent des principautés prospères.

Vers 900 après Jésus-Christ, le viking Harald Hårfagre fondait le premier grand royaume »Nordvegr« - le pays sur la voie du Nord- qui engloba la Norvège actuelle et une partie de la Suède jusqu'au 14e siècle. Une peu plus tard, une épidémie de peste décima tant la population que le pays, très peu peuplé, ne se releva pas de la catastrophe durant des siècles et subit tour à tour les dominations suédoise et danoise. Ce n'est qu'au 19e siècle que la Norvège retrouva son indépendance.

C'est depuis le large, debout à la proue d'un navire, qu'il faut approcher la capitale norvégienne. On longe d'abord les cent kilomètres du fjord d'Oslo avec ses côtes boisées, ses rivages de sable et de galets et ses maisons cachées dans les roseaux avant que n'apparaisse la capitale, nichée entre des collines douces. Dominés par le tremplin de hauteur Holmenkollen, les toits de cuivre vert des églises et des édifices gouvernementaux, les façades en verre des immeubles modernes et la promenade du port accueillent les visiteurs. La façade austère de l'Hôtel de Ville se détache entre le fouillis de bateaux et de constructions portuaires. Ce bloc de pierre à l'architecture très controversée, construit dans le style des années quarante et surmonté de deux tours de hauteurs différentes, a été inauguré en 1950 à l'occasion des 900 ans de la ville. Il renferme de nombreuses oeuvres d'art contemporain auxquelles 28 artistes norvégiens ont travaillé durant près de vingt années. Le tableau principal accroché dans le hall représente la Norvège, son oeuvre, ses habitants et ses fêtes. Les fresques et reliefs entourant l'Hôtel de Ville évoquent des scènes de la mythologie mouvementée norvégienne.

La forteresse portuaire de Akershus, construite par le roi Håkon V vers 1300, se dresse en face de l'hôtel de ville. Les ailes nord et ouest de l'édifice contiennent encore des éléments du fort médiéval, transformé en château de style Renaissance nordique après avoir été détruit par un incendie au 17e siècle. Les bâtiments extérieurs et quelques salles sont ouverts au public tandis que les salles d'apparat sont réservées aux cérémonies et réceptions officielles.

Une atmosphère presque méridionale règne sur les quais durant l'été, quand les rayons du soleil réchauffent les humeurs. Des foules de vacanciers débarquent des yachts et des bateaux de plaisance; la jeunesse d'Oslo se réunit sur les terrasses des cafés; des musiciens, pantomines et acrobates divertissent le public devant les troquets du port et entre Akershus et Aker Brygge. Il y a quelques années, l'ancienne fabrique de machines »Akers mechaniske Vaerksted« a été transformée en un centre moderne commercial et culturel. L'ensemble comprenant des boutiques élégantes, des bistros sympathiques, des restaurants de style nordique, des salles de concerts, des théâtres, des cinémas et des discothèques, est un véritable gain pour la ville.

Oslo qui n'a même pas un demi-million d'habitants, est une métropole à l'ambiance paisible et sereine. De par sa superficie, elle est pourtant la plus étendue de toutes les capitales européennes. Cela signifie que les habitants jouissent d'énormément de place, donc d'une haute qualité de vie. La plupart des curiosités du centre ville se dressent sur un espace restreint entre le Château Royal et la gare centrale, Ces deux points sont reliés par le »Karl-Johans-Gate«, la rue principale d'Oslo bordée de magasins luxueux, d'hôtels, de restaurants et d' immeubles abritant les bureaux des lignes aériennes et maritimes. Henrik Ibsen allait régulièrement boire sa tasse de thé dans le café du Grand Hôtel situé à même le Karl-Johans-Gate. Du balcon de la suite Ibsen du »palace«, on a une très jolie vue sur la baie Pipervika, une des parties du port.

Ce qui frappe aussi le regard sur le Karl-Johans-Gate est le nombre important de jeunes beautés blondes: ce sont des étudiantes fréquentant l'université située dans la partie supérieure de la rue. La partie inférieure où se dresse le Storting (le Parlement) est le domaine des politiciens.

Oslo abrite plusieurs collections d'art importantes qui raviront les amateurs de culture: le musée National renferme des oeuvres importantes de peintres scandinaves et d'impressionnistes européens ainsi qu'une remarquable collection de El Greco. Au musée d'Histoire Naturelle, les visiteurs auront un aperçu de la création géologique de la Norvège, de sa flore et de sa faune.

L'oeuvre entière d'Edvard Munch, le plus grand peintre norvégien (1863-1944), est exposée au musée qui porte son nom (Tøyengate 53). Edvard Munch a fait don à sa ville de 1100 peintures, 4500 dessins, 18 000 lithographies et 6 sculptures. Une collection aussi importante n'est naturellement pas exposée en son entier, mais selon des thèmes qui se renouvellent.

Un contraste aux oeuvres du peintre expressionniste qui a crié sa peur et sa douleur à la face du monde dans des tableaux tel »Le Cri« de 1893, sont les 650 sculptures »charnelles« de Gustav Vigeland (1869-1943) exposées au parc de Frogner. Le point culminant du parc situé sur une colline, est une colonne phallique de 17 mètres de hauteur composée de 121 figures humaines. La vie et la mort de l'homme sont les thèmes omniprésents de Vigeland.

Le Sud de la Norvège: du Skagerrak au Prekestolen

Nous quittons la capitale en direction du Sud par la route européenne E 18 (Stockholm-Oslo-Stavanger). Dans le trafic intense, nous partons de la place de l'Hôtel de Ville d'Oslo et traversons des paysages de forêts et de prés avant d'arriver au port de Drammen, une importante plaque-tournante d'importation et d'exportation. La seule curiosité intéressante de cette ville de 50 000 habitants est la »Spirale«, une carrière de pierre en forme d'hélice d'où l'on extrait les matériaux destinés à la construction des routes. Un corridor souterrain de 1650 mètres de long qui s'est creusé dans la montagne au cours des années, débouche sur un point de vue situé à quelque 200 mètres d'altitude.

De Drammen, la route longe le fjord d'Oslo vers Larvik, le premier port norvégien de commerce du bois et station thermale produisant l'unique marque d'eau minérale du pays. Ce trajet est parsemé de témoignages d'une histoire mouvementée: tumulus de l'époque Viking, monuments de l'ère de bronze et du fer, pierre tombales construites en forme de bateaux. Nous nous trouvons dans le pays d'origine des Goths qui, pour des raisons obscures, ont migré dans différentes parties d'Europe. Il y a mille ans, Stavanger et Haugesund étaient les fiefs des Vikings. C'est de là que les hommes barbus et chevelus voguaient sur leurs drakkars rapides vers l'Angleterre, l'Irlande, le Groenland (Eric le Rouge) et par le Cap Nord vers la Russie et la Sibérie. Mais ils remontaient aussi les fleuves d'Europe centrale. Ils accostaient à Cologne et Mayence en Allemagne, pillaient les anciennes villes romaines et disparaissaient avec leur butin aussi brusquement qu'ils étaient apparus. En 840, 67 barques de Vikings remontèrent la Loire et la Seine jusqu' à Paris, semant la peur et la terreur sur leur passage.

La province du Telemark s'étend entre les rivages de galets de la côte du Skagerrak et les montagnes de caractère alpin qui forment sa frontière au Nord. Cette région de collines, de champs cultivés, de prés et d'alpages, très appréciée des randonneurs en été, est un véritable paradis pour les skieurs alpins et de fond en hiver. Tous les passionnés de sports d'hiver vous le diront: c'est à Morgedal, au Telemark qu'est né le ski moderne vers l'an 1800. Le paysan Sondre Nordheim, natif du pays, est l'inventeur du »telemark ou stemm«, ce virage élégant qui connaît actuellement un renouveau sur les pistes.

Les stations balnéaires se succèdent tout au long de la côte de la mer du Nord. De nombreux Scandinaves passent leurs vacances sur les plages de sable fin bordées de maisons en bois peintes en blanc et recouvertes de toits rouges. Citons Grimmstad où Henrik Ibsen vécut sa jeunesse (musée Ibsen) et les villages côtiers autour de Kristiansand, la capitale dotée d'un coeur historique intéressant du département Vest-Agder. Le point le plus au Sud de la Norvège, le cap Lindesnes, est situé près de Mandal, à 2518 km du Cap Nord par la mer.

Stavanger, la capitale de la province Rogaland, semble appartenir à un autre monde. Les édifices modernes, les supermarchés, les casinos et les banques ont valu le surnom de la »Dallas du Nord« à cette ville qui doit sa nouvelle prospérité au pétrole découvert devant ses côtes. L'ancien village de pêcheurs est devenu le centre administratif et de ravitaillement des plates-formes de forage, mais il a heureusement conservé ses vieux quartiers empreints de charme avec une place du marché entourée de maisons pittoresques et une basilique romane datant des 12e et 13e siècles. Stavanger est aussi le lieu de départ d'excursions intéressantes dans le monde des fjords, des îles et des récifs, et vers le monument naturel Prekestolen ou »La Chaire«, un plateau dont la paroi verticale de 600 mètres surplombant le Lysefjord semble avoir été taillée par la hache d'un géant.

Bergen: la prospérité est venue avec la Hanse

Nous poursuivons notre voyage à travers l'Ouest de la Norvège, dans la région des fjords profondément découpés et des hauts glaciers. Mais avant de partir à la découverte de cette nature grandiose, nous visitons Bergen, la deuxième ville de Norvège et celle où il tombe le plus de pluie. Les nuages poussés par les vents alizés viennent crever sur les hauts flancs occidentaux près des cités de la Mer du Nord. Les nombreuses précipitations créent un climat doux, mais très humide. Jusqu'au 19e siècle, Bergen n'était accessible que par voie d'eau. Aujourd'hui, des routes de montagnes périlleuses, des tunnels et des ponts relient la porte du pays des fjords à Oslo via Hardangervidda et Fillefjell.

Le roi Olav Kyrre (Olav le Pacifique) fonda Bergen en 1070. La ville atteignit son apogée au 14e siècle, quand la Hanse germanique y ouvrit un comptoir et construisit des entrepôts. Bergen devint alors la plus grande ville et la capitale de la Norvège. Les marchands du Nord de l'Allemagne faisaient un commerce simple: ils échangeaient leurs produits -sel, céréales, vin et bière- contre du poisson et des peaux de bêtes. Mais la ligue hanséatique apporta aussi un souffle »d'esprit du Sud« et de cosmopolitisme dans le monde âpre des fjords.

Plusieurs incendies détruisirent les maisons en bois de la ville, mais le Tyske Brygge, le quartier allemand, fut toujours reconstruit dans le style traditionnel hanséatique. Une des maisons abrite aujourd'hui le musée de la Hanse.

Les autres curiosités au centre ville sont la forteresse médiévale de Bergenhus surplombant le port, le marché aux poissons et aux fleurs à l'ambiance presque méridionale, l'église Sainte-Marie (12e siècle) qui est le plus ancien édifice de Bergen, la cathédrale de style roman avec des fenêtres gothiques et le musée de la Pêche où l'on peut tout apprendre sur la pêche norvégienne en haute-mer.

La demeure d'Edvard Grieg à Troldhaugen est à 10 kilomètres environ du centre de Bergen. Le compositeur de Peer Gynt y passa les 22 dernières années de sa vie. Le festival de Bergen se déroule chaque année, en mai/juin, dans la salle de concert Grieghallen. Le musée de plein air de Gamle Bergen offre une autre excursion captivante: on peut y visiter un village du 18e siècle qui s'étend dans un site pittoresque sur la rive nord du Byfjord.

On découvre le plus beau panorama sur le port, les fjords et les récifs depuis les sommets de l'Ulriken (642m) et du Fløyen (320m). Tous les navires de croisière accostent à Bergen qui est aussi le port d'attache des Express Côtiers, ces malles-postes rapides légendaires, remplacés aujourd'hui par des bateaux confortables. Eté comme hiver, ils croisent entre les fjords et les îles des Lofoten et des Vesterålen, vers Tromsø et Hammerfest, ports de l'Océan Articque avant de franchir le Cap Nord en direction de Kirkenes à la frontière russe.

L'Ouest: fjords, glaciers, cascades

Le pays des fjords de la Norvège présente un enchevêtrement inextricable de bras de mer, de lacs, de montagnes, de glaciers, de plateaux articques et de vallées verdoyantes. Les fjords sont des »vallées englouties dans la mer« qui s'avancent jusqu'à 180 kilomètres à l'intérieur des terres. Ils se sont formés durant la dernière ère glaciaire quand les moraines ont profondément découpé les vallées des montagnes que l'eau de mer a ensuite envahies dès la fonte des glaces. Fait singulier: Les fjords ne gèlent jamais, même pas en hiver car leurs eaux sont salées. Une autre curiosité créée par la nature sont les bras de mer qui atteignent des profondeurs de 1200 mètres. Certains sont si plats à leur embouchure que seule l'eau de surface de la mer réchauffée par le Gulfstream y pénètre et apporte ainsi une température relativement douce aux eaux glaciaires auxquelles elle se mélange. Durant l'été, on peut même se baigner dans les fjords devant un décor de montagnes enneigées et de glaciers.

Quatre fjords principaux s'enfonçent dans la roche primitive sombre avant de se diviser en ramifications de plus en plus étroites. Le Hardangerfjord, long de 179 km et dont la profondeur atteint 830 mètres, s'étend au Sud de Bergen. Des parois abruptes de granit d'où déferlent des cascades encadrent le bras de mer. A certains endroits, la montagne recule pour laisser la place à des forêts et des champs, à des fermes et des hameaux perchés au-dessus des eaux bleu foncé, telles des aires d'aigles. A la fin du printemps, le Sorfjord, un bras du Hardangerfjord, se transforme en une peinture impressionniste. Des milliers de perce-neige, de primevères, de boutons d'or, de fleurs de pissenlit recouvrent les prés et les rivages d'un immense tapis bariolé et les arbres fruitiers des vergers autour des fermes s'ornent de somptueuses couronnes de fleurs.

Situé au Nord du Hardangerfjord, le Sognefjord qui s'incruste sur 204 km à l'intérieur des terres est le plus long fjord de Norvège. Il a 1240 mètres de profondeur à certains endroits et seulement 5 kilomètres à sa largeur maximum. Déchaînée, sombre ou paisible, mais toujours empreinte de mélancolie, la surface de ses eaux s'étire devant le décor splendide du Jostedalsbreen et du Jotunheimen, les deux plus grands massifs de Scandinavie surmontés des deux pics les plus hauts, le Galdhøpiggen (2469m) et le Glittertinden (2464 m). On se croirait presque en Suisse, devant des lacs de montagne où se mireraient le pic de la Jungfrau, du Mönch et de l'Eiger, mais à la différence qu'ici, les glaciers bleutés descendent jusqu'au niveau de la mer.

Aucun fjord en Norvège n'est aussi impressionnant et oppressant que le Naerøyfjord, un rameau du Sognefjord. Tel un cours d'eau, le long bras de mer force son chemin entre des parois rocheuses verticales s'élevant à 1000 mètres dans le ciel. Le ravin est si étroit que le soleil n'y pénètre qu'en de rares instants en été. Une fascination étrange émane de ce sombre royaume que l'on ne peut découvrir qu'en bateau.

Le Nordfjord et l'Innikfjord sont plus courts, ce qui n'enlève rien à leur atmosphère tout aussi captivante. Ils s'enfoncent dans les montagnes jusqu'aux lieux de villégiature réputés de Stryn, Loen et Olden, points de départ d'excursions dans le monde des glaciers du Jostedalbreen. Une randonnée en voiture conduit de Olden, par les rives du lac à la surface immobile comme un miroir, jusqu'à Briksdal où l'on gare son véhicule devant un refuge avant d'entreprendre une montée d'environ une heure jusqu'au bord du glacier, vaste de 486 Km^2 et dont l'épaisseur atteint 500 mètres. Des torrents d'eau et des masses de glace se détachent du glacier et se précipitent dans le lac gris-vert où dérivent des icebergs. Une image magnifique de la nature archaïque.

Les touristes qui partent en randonnée dans les glaciers depuis Loen en passant par la vallée de Kjenndalen -il leur faut être bien équipés- reviendront avec des images enchantées. Stryn est l'Eldorado des skieurs et des adeptes du monoski qui peuvent s'en donner à coeur joie sur les pistes durant toute l'année.

L'image que les prospectus de voyage en Norvège montre le plus souvent est celle du Geirangerfjord, le dernier bras du Strofjord. Ce fjord réunit en un paysage harmonieux tout ce que nous avons vu jusqu'à présent: des parois de granit de 1800 mètres couronnées de mousse blanche, des chutes d'eau, cataractes bouillonnantes ou cascades en filigrane, des étendues vertes parsemées de maisonnettes sur le toit desquelles poussent des touffes d'herbe et au bout du bras de mer, Geiranger, un village idyllique qui a donné son nom au fjord.

Åndalsnes sur le Moldefjord est le point de départ vers la région septentrionale des fjords. C'est ici que commence le »Goldene Steig«, la Route d'Or qui mène à des merveilles naturelles spectaculaires. Le trajet commence dans la vallée romantique du Romsdal avec ses cours d'eau sauvages où abonde le saumon. La route serpente ensuite à travers les épais bois feuillus de l'Isterdal et grimpe le long du »Trollstigen«, route des Trolls réputée pour ses 13 virages en épingle à cheveux, jusqu'au col haut de 852 mètres qu'entourent les »Trolls«, rochers dolomitiques en forme de tours. Durant des années, ce parcours hasardeux a été la jonction principale entre les provinces Sunmore et Romsdal.

Oppland: le coeur vert de la Norvège

La nature s'est montrée capricieuse au pays des »Trolls«, les génies malicieux de la montagne. Par exemple, tous les grands fleuves norvégiens prennent leur source dans les glaciers et les massifs de Jotunheimen, Dovrefjell et Valdesflya situés à l'extrémité ouest du pays, près de l'Océan Atlantique. Mais au lieu de se précipiter dans les fjords proches, les ruisseaux montagnards opèrent de brusques tournants pour couler vers le Sud-Est où ils se transforment en fleuves majestueux avant de se jeter dans le Skagerrak et le fjord d'Oslo au bout de 200 ou 300 kilomètres.

Cette excentricité de la nature a donné aux ancêtres des Vikings des vallées riantes et fertiles telles le Numedal, le Hallingdal, le Valdresdal et le Gudbrandsdal. Protégées des vents froids de l'Ouest, arrosées par les innombrables ruisseaux montagnards et possédant un sol fécond, ces vallées du Sud de la Norvège ont très tôt été cultivées par les hommes qui y ont trouvé la prospérité et y ont développé culture, architecture et folklore à un très haut niveau.

Le cours du Begna offre une grande variété de paysages: entre des forêts d'un vert sombre s'étendant à perte de vue, le fleuve forme parfois des lacs d'un bleu profond, puis il coule sur des bancs de gravier avant de se transformer en bief entre des cascades écumantes. Au loin, étincellent les pics enneigés du Glittertinden, du Galdhopiggen et du Snøhetta. Le Valdresdal a bien mérité son nom de »perle des vallées norvégiennes.«

L'art accompagne partout la nature intacte. Les fermes et les églises de bois debout sont toutes ornées de peintures et de sculptures. Les maisons de dieu en bois, appelées »Stavkirchen« dominent la physionomie des villages du centre de la Norvège. De loin, elles ressemblent à des épaves de navire échouées sur la terre ferme, ce qui n'est pas étonnant car elles ont été bâties d'après la même technique de construction des bateaux de Vikings. Par ailleurs, le préfixe de leur nom »stav« pourrait être traduit par le mot mât.

Les missionnaires chrétiens qui arrivèrent d'Angleterre au tournant du millénaire après Jésus-Christ eurent beaucoup de peine à chasser les dieux germaniques comme en témoignent non seulement les anciens écrits, mais aussi les symboles païens, têtes de dragons et serpents, qui décorent les églises. Les rudes Vikings n'auraient jamais accepté d'être convertis sans quelques concessions faites à leur mythologie, et c'est ainsi que Jésus et les Saints ont les traits de Wotan, Freya et Thor et que les murs gravés des églises chrétiennes perpétuent les légendes païennes.

Les églises de bois debout de Norvège ont une architecture très particulière. Quelques-unes rappellent même plus des pagodes asiatiques que les édifices religieux traditionnels de nos régions. Malheureusement, des 1000 »stavkirchen« que possédait le pays, 25 seulement ont survécu au temps. Malgré toutes les méthodes de conservation, le bois n'est pas aussi résistant que la pierre. Le goudron et autres produits préservateurs ont noirci les édifices autrefois colorés. Comme ils n'avaient pas de fenêtres -le verre étant inconnu en Norvège au moyen-âge, leur intérieur était baigné d'une obscurité mystique. Seul, un mince faisceau de lumière céleste tombait sur les croyants par une lucarne pratiquée dans la pointe du clocher.

L'église la plus intéressante, celle de Borgund, se dresse près de Laerdal; la plus grande est à Fantoff dans les environs de Bergen; la plus ancienne est à Urdal, sur le fjord de Lusterfjord et la plus colorée à Ringebu près de Lillehammer.

La vallée du Gudbrandsdalen s'étend à environ 50 km au Nord du Valdres. La plus célèbre des vallées norvégiennes est arrosée par le Lagen qui prend sa source au massif de Dovre, sur le pic du Snøhetta, haut de 2286 mètres, et qui se jette dans le Oslofjord après un parcours aventureux de 230 km. Parfois, le fleuve s'enfonce sauvagement dans des ravins étroits avant de couler paisiblement entre des prés verdoyants ou de contourner des îlots ou des bancs de gravier; parfois il s'élargit pour former un vaste lac où se reflètent les nuages floconneux du ciel; un cours d'eau austère, mélancolique même, mais jamais hostile ou rébarbatif.

Des hameauxs et des communes se nichent sur ses berges. Les maisons des paysans évoquent la prospérité et de solides attaches au terroir. Hiver comme été, la province d'Oppdal est un lieu de villégiature très fréquenté des Norvégiens. Lillehammer, sa plus grande ville, est réputée comme première station de sports d'hiver de Scandinavie et connaîtra bientôt une renommée mondiale quand elle deviendra la scène des jeux Olympiques d'hiver 1994.

En été, la vallée du Oppdal signifie une communion permanente avec la nature que l'on peut goûter dans quatre parcs nationaux magnifiques et en pratiquant des sports tels le rafting, le canotage, la descente de torrents sauvages, l'équitation ou le deltaplane. Les moins téméraires feront la traversée du lac Mjøsa sur le Skiblaner, le plus vieux bateau à aubes du monde qui est encore en service régulier entre Gjøvik et Hainar ou partiront en randonnées sur les traces de Peer Gynt. La région entre les massifs du Jotunheimen et du Dovrefjell est le Royaume de Peer Gynt, le héros de la pièce de Henrik Ibsen que Edvard Grieg a plus tard mis en musique. Au hameau de Hågå, les visiteurs trouveront encore quelques maisons qui ont appartenu au fermier Pedar Olsen dont la vie a inspiré le grand dramaturge. La demeure de Peer Gynt se dresserait – les avis des experts sont partagés – soit à Vinstra où se trouve le syndicat d'initiative, soit au musée de plein air de Maihaugen près de Lillehammer.

Le sentier »Peer Gynt Stien«, long de 56 kilomètres, commence à Svingvoll et traverse des paysages constrastés à l'écart des grandes routes. Tout au long du parcours, des restaurants, des refuges ou auberges confortables portant le sigle de Peer Gynt, garantissent un toit ou une table aux randonneurs. La spécialité du lieu: des truites au four, pêchées sur place.

Les amateurs d'histoire emprunteront la Route Royale, construite au moyen-âge. Elle part du siège du gouvernement à Oslo jusqu'à l'ancienne cité de Trondheim qui abrite la cathédrale de Nidaros où les rois de Norvège furent couronnés entre les 11e et 14e siècles. Des logis historiques où les rois et leurs suites faisaient halte pour se reposer et changer d'équipages se dressent à intervalles réguliers tout au long de la vieille route pavée qui grimpe les flancs sud du Filletfjell. Autrefois, le trajet ardu était une épreuve qui révélait les capacités de résistance du roi; aujourd'hui, c'est une route agréable de quelque 500 km que l'on parcourt facilement en voiture.

Trondheim: la ville du sacre des rois norvégiens

Entourée de collines douces, Trondheim, troisième ville de Norvège avec 135 000 habitants, s'étend à l'embouchure du fleuve Nidelven dans la région du Trondheimfjord. Elle fut d'abord un village viking situé près du lieu de culte Øra avant de devenir au 10e siècle une cité royale portant le nom de Nidaros. Le Viking Harald Hårfagor (Harald aux beaux cheveux) fut le premier régnant de cette principauté du grand Nord qui allait devenir le coeur du royaume médiéval de Norvège. En 997, son petit-fils, le roi Olav Tryggvason faisait bâtir un fort et une église en bois sur la rive de la Nidelven autour desquels se développa Nidaros. Toutefois, son successeur, le roi populaire Olav Haralson appelé Olav le Saint est considéré comme le fondateur de la ville. Il fut tué à Stiklestad le 29 juillet 1030 lors d'une bataille contre les Suédois et enterré hâtivement pendant la retraite précipitée de ses troupes. Un an plus tard, quand on rouvrit sa tombe pour lui faire des funérailles dignes d'un roi, on constata que non seulement son corps n'était pas du tout décomposé, mais que ses ongles et ses cheveux avaient continué de pousser. En outre – selon les chroniques – plusieurs miracles se seraient produits sur sa tombe. Le roi Olav fut alors canonisé et consacré patron du pays.

Des milliers de Norvégiens vinrent en pélerinage à l'église de Nidaros où son reliquaire reposait sur l'autel. Comme l'édifice en bois était devenu trop petit, la construction d'une grande cathédrale fut commencée selon le modèle des basiliques anglaises, d'abord dans le style roman puis gothique. Au cours des siècles, elle fut détruite plusieurs fois, pillée par les Danois et les Suédois, ses trésors et le reliquaire emportés à Copenhague où l'on perd leurs traces. Le »Nidarosdom« est aujourd'hui un monument imposant de la foi nordique et de nouveau le lieu du sacre des rois de Norvège.

Du restaurant qui tourne sur son axe, installé à 70 mètres de hauteur dans la tour de télécommunications, le visiteur a un panorama magnifique sur la ville avec ses ponts de bois enjambant le Nidelven, ses vieux entrepôts brun rouge et son archevêché, bâti directement au pied de la tour de la cathédrale. Les neuf églises et cloîtres de la vieille–ville entourent le Stiftsgården qui sert de résidence au roi durant ses visites à Trondheim. Comparé aux constructions portuaires, le manoir de style Rococo semble de dimensions bien modestes pour une demeure royale. Le fait est que le port de Trondheim est très important; il ne dessert pas seulement la ville et la province de Trøndelag, mais aussi le Nord, depuis Ålesund et ses paysages de récifs jusqu'au Cercle Polaire.

La longue route vers l'Océan Arctique

De Trondheim, nous partons vers le Nord sur la E 6, mieux connue sous le nom de Route de l'Océan Arctique. Nous avons encore 1800 kilomètres à parcourir avant d'atteindre le Cap Nord; un trajet extrêmement long quand la vitesse maximum est de 80 km/h. Le ruban d'asphalte sombre de l'axe Nord–Sud suit d'abord la côte, mais à une distance respectueuse pour éviter les extrémités des criques et fjords multiples. Le paysage semble infini et désert. De temps à autre, on aperçoit une maison peinte en rouge, une barque amarrée à un ponton, quelques silhouettes humaines. La circulation s'intensifie toutefois d'année en année sur cette voie. Des files interminables de caravanes, automobiles et motos se dirigent vers le Cap Nord durant les mois de juin, juillet et août.

Le massif du Saltfjell forme la frontière entre le Nord et le Sud au climat plus tempéré. Au-delà de la chaîne de montagnes, ne poussent plus que des bouleaux, des pins nains, des sapins, et des fleurs et baies que l'on trouve seulement dans les hautes régions alpines: anémones, daphnés, linaigrettes, –baies polaires et baies des marais. De vastes forêts de pins (40 millions d'ares) s'étendent de part et d'autre du Cercle Polaire. Des renards, martres, loutres, élans, rennes sauvages et quelques ours vivent dans les parcs nationaux. Des perdrix des neiges et coqs de bruyère habitent les toundras. Des pygargues, des plongeurs, des mouettes Tridactyles cherchent leur butin au–dessus des baies. Les saumons et les truites bondissent dans les courants rapides vers les lieux de frai. A certaines époques et avec un permis, on peut pêcher le saumon et l'anguille dans les 28 000 lacs de la région. Les phoques, dauphins, baleines et marsouins des fjords boréaux sont rigoureusement protégés. Le choix s'est restreint quant aux poissons pêchés en mer. Les saumons de mer, les flétans et les cabillaux ont été si décimés, même dans le grand Nord, que ceux servis sur les tables proviennent de fermes aquatiques.

Le visiteur découvrira une immense variété de beautés naturelles dans la circonscription de Rana qui s'étend au Sud du Cercle Polaire: les montagnes aux cimes enneigées du Mofjell (station de ski en hiver et but de randonnées en été), les grottes de calcaire de Grønli et le paysage grandiose du glacier de Svartisen (370 km^2 de superficie) dont les blocs de glace se précipitent dans un lac de couleur émeraude. Et tandis qu'on approche ce spectacle époustouflant de la nature à bord d'un bateau à moteur, on sent la fraîcheur piquante du Grand–Nord tout autour de soi.

Nous avons maintenant dépassé le Cercle Polaire qui entoure la sphère terrestre à 66°33 degrés de latitude nord. Il marque la latitude au–delà de laquelle le soleil ne se couche plus durant des semaines pendant la période d'été alors qu'il ne se montre que rarement à l'horizon durant l'hiver. L'Océan Glacial est bordé de plusieurs monuments symbolisant le Cercle Polaire. Très intéressant est un lieu du culte païen décoré de dessins rupestres. Le musée du Cercle Polaire à l'architecture d'avant–garde présente toutes les curiosités de cette latitude, et pour quelques couronnes, on peut obtenir un certificat confirmant qu'on a franchi le parallèle légendaire!

Au pays de Lapons: la dernière aventure européenne

Un immense voile de lumière s'étire au-dessus de la pointe nord de l'Europe. Nous sommes dans une région de superlatifs: les fjords y sont plus larges qu'ailleurs, les montagnes y semblent plus hautes, l'air y est plus léger et le ciel plus clair; les toundras et les forêts de bouleaux s'étendent jusqu'à perte d'horizon. Le disque solaire est si lumineux, si magique, qu'il est devenu le symbole de la force vitale de cette région. Sa lumière est forte et délicate à la fois; il est chaud et pourtant froid, apaisant et excitant à la fois. L'été ne dure qu'une longue journée (de la mi-mai à la fin juillet selon le degré de latitude) et l'hiver n'est qu'une nuit sans fin (de novembre à la fin janvier). A Alta, le soleil de Minuit brille du 16 mai au 26 juillet; la nuit polaire dure du 24 novembre au 18 janvier. A Hammerfest, le soleil de minuit éclaire la ville du 13 mai au 29 juillet et la nuit polaire l'assombrit du 21 novembre au 21 janvier. Au Cap Nord, le soleil de minuit luit du 11 mai au 31 juillet tandis que l'obscurité de la nuit polaire dure du 31 novembre au 23 janvier.

La nature se réveille et meurt avec la lumière du soleil, Cette singularité de la nature leurre les oiseaux qui entament leurs appels matinaux juste après leurs chants du crépuscule et aussi les hommes auxquels le soleil qui ne se couche pas enlève toute envie de dormir. Les hommes qui vivent au–delà du Cercle Polaire sont rudes, mais chaleureux et serviables. Durant la seconde guerre mondiale, des combats âpres se sont déroulés dans la solitude de la Laponie. Narvik, Hammerfest et le Cap–Nord sont toujours des points de grande importance stratégique.

Les frontières n'existent pas dans le Grand–Nord, du moins elles ne jouent guère de rôle. Ici, la Norvège, la Finlande et la Suède ne font plus qu'un. La Communauté des Etats Indépendants y a même un petit territoire. Les Lapons suivent sans contrainte les élans, les loups, les ours et les rennes qui circulent librement entre la presqu'île russe de Kola et la province norvégienne du Finnmark – Vidda. C'est sans doute par cette route que les Samenes – nom que se donnent les Lapons – sont arrivés autrefois de l'Est. Leur langue, leur culture et leur apparence (yeux bridés) trahissent leurs origines asiatiques.

Le peuple lapon est fier de ses traditions et ne se sent soumis à aucun système gouvernemental. La plupart des 40 000 Lapons qui habitent le grand Nord sont devenus sédentaires. Ils travaillent dans les docks de Narvik, dans les mines de minerai de Kiruna en Suède comme chauffeurs ou conducteurs de grue, sont pêcheurs ou cultivateurs dans la région entre Hammerfest et Kirkenes. Environ 4000 d'entre eux poursuivent leur vie de nomades, se déplaçant à travers le pays avec tentes et animaux. Certains portent encore le costume folklorique bariolé avec lequel ils attirent les touristes pour leur vendre des souvenirs en peaux ou bois de rennes.

Les rennes constituent la base de leur existence. Chacun, même le plus jeune garçon, en possède un troupeau. Durant l'été, les bêtes à demi-sauvages vivent en liberté sur les hauts plateaux qui bordent les bras des fjords. En automne, elles sont capturées, rassemblées par milliers, comptées, marquées, abattues et vendues. Une animation intense règne alors dans les campements. Des monceaux de ramures s'élèvent devant les tentes des Lapons et partout, on voit des peaux sécher sur de longs bâtons.

Mais l'aventure laponne n'est pas seulement synonyme de routes défoncées poussiéreuses, de chasses à l'ours dangereuses ou de découvertes de paillettes d'or dans les cours d'eau. La Laponie est la confrontation directe avec une nature inviolée formée de pins tordus par les vents, de rochers aux formes étranges ciselés par la glace, d'animaux vivant en liberté sur de vastes espaces que seule l'extrémité septentrionale de l'Europe possède encore.

La ville industrielle de Narvik nous ramène abruptement à la réalité. Des trains transportent le minerai extrait à Kiruna éloigné de 156 kilomètres jusqu'au port de Narvik où il sera chargé sur des navires. Les visiteurs peuvent également emprunter cette ligne de chemin de fer qui les emmènera (avec leurs voitures) visiter les mines en Suède. Une autre excursion intéressante à partir de Narvik est de prendre le funiculaire qui transporte au sommet du Fagersnesfjell, un massif de 700 mètres de hauteur depuis lequel les visiteurs jouiront d'un panorama superbe sur le Ofotfjord et les chapelets d'îles des Lofoten et des Vesterålen.

Les Lofoten: îles dans le vent

Rochers et sable, eau et vents sont les éléments dont sont faites ces îles. Telle une barrière protectrice, elles s'étendent devant les côtes nord-ouest de la Norvège. Des monts de roches primitives sombres vieilles de trois ou quatre milliards d'années, aux pics ou croupes dénudés, balayés par les vents, émergent de la mer d'un bleu profond; les plages de sable blanc alternent avec des parois rocheuses abruptes qui s'élèvent jusqu'à mille mètres au-dessus des flots. Une nature grandiose et sauvage.

La vie s'est pourtant nichée en certains endroits. La mousse croît dans les crevasses des rochers; des roses des bois s'épanouissent sur les versants sud des montagnes et les paysans cultivent même des céréales dans les vallées protégées. Ces signes vitaux sont dus au Gulfstream qui réchauffe la région; même au plus profond de l'hiver, les températures sur les côtes ne descendent que rarement en dessous de zéro.

On a peine à le croire, mais les Lofoten étaient déjà habitées à l'âge du fer. Il y a quelques années, des fouilles archéologiques ont mis à jour sur Vestvagøy, une grande demeure de Vikings contenant divers objets ainsi qu'un hangar à bateaux datant d'il y a mille ans. La maison aurait appartenu à Tore Hjørt, roi des Vikings des Lofoten, qui périt dans un combat contre Olav Tryggvason en 998 après Jésus-Christ. Déjà à cette époque, les hommes faisaient du commerce lucratif avec les fourrures, les peaux, le poisson et la corne. Les phoques, les rennes, les ours et les baleines étaient échangés contre des objets en bronze, en argent et en fer fabriqués dans le Sud. Les touristes intéressés par l'histoire iront visiter le musée des Lofoten à Storvågen qui relate le passé de l'archipel.

La pêche était un élément primordial dans l'existence des hommes du Grand Nord. Autrefois, des bancs immenses de harengs et de cabillauds se déplaçaient devant les côtes norvégiennes. Mais depuis que les mers ne contiennent presque plus de poissons, seuls quelques rares habitants des Lofoten vivent de la pêche. La plupart des insulaires ont regagné les villes, Bodø, Tromsø, Narvik et Harstadt, où ils pratiquent des métiers artisanaux. Toutefois, ils retournent dans leurs villages pendant la saison de la pêche qui dure de janvier à avril. On peut alors voir des centaines de bateaux partir en mer pour pêcher le saumon, le flétan, le maquereau et la morue.

Jusqu'aujourd'hui, les habitants des Lofoten ont pu préserver leur vie insulaire car aucun pont n'a encore été construit entre les îles et le continent. Par contre, des tunnels ou des ponts relient les 80 îles principales et on peut traverser l'archipel depuis Svolvaer au Nord-Est jusqu'à Å au Sud-Ouest sans avoir à mettre un pied dans l'eau.

En devenant centre administratif et capitale des Lofoten, Svolvaer située sur Austvagøy (4000 habitants), a succédé à Vågan, ancienne métropole de commerce qui était aussi importante et prospère que Trondheim et Bergen au moyen-âge.

Au 12e siècle, le roi Øystein fit construire des huttes en bois sur pilotis pour ses sujets dans le village de pêcheurs de Kabelvåg. Au cours des siècles, ces logis rudimentaires se sont transformés pour devenir les maisonnettes peintes en rouge appelées »Rorbuer« que l'on rencontre partout sur les Lofoten. Aujourd'hui, les pêcheurs arrondissent leurs revenus en louant les cabanes aux estivants. Des vacances dans les »Rorbuer«, dotées aujourd'hui d'un certain confort, sont devenues très en vogue. Le poisson attrapé le matin grille sur la cuisinière, la barque est amarrée sous la fenêtre de la chambre, les cannes à pêche et les bicyclettes sont posées près de la porte. Le vélo est un moyen de transport idéal pour se déplacer sur les Lofoten et partir explorer une nature fascinante à laquelle la lumière toujours changeante donne sans cesse des visages différents.

Le plus spectaculaire des fjords de la région s'appelle le Trollfjord. Il s'enfonce comme un goulet entre les flancs verticaux de deux montagnes qui sont deux îles séparées seulement de 150 mètres l'une de l'autre. Les bateaux de plaisance et les courriers doivent naviguer avec d'énormes précautions sur l'étroite voie d'eau près du Raftsundet; ils ne peuvent même pas donner de signaux car les sons risqueraient de produire des éboulements de pierres.

Svolvaer est dominée par le Svolvaergeita, un massif de 569 mètres de hauteur qui tombe à pic dans la mer. La montagne surmontée de deux rochers en forme de corne représente une épreuve de courage pour les alpinistes accomplis qui sautent d'une corne à l'autre sans filet tendu au-dessus du gouffre vertigineux (voir photo page 114). L'île sauvage et déchiquetée de Moskenesøy semble appartenir à une autre planète avec ses paysages montagneux empreints d'une beauté magique. C'est à Ramberg que s'étendent les plus belles plages de sable blanc où viennent mourir les vagues d'écume de l'Atlantique. Le visiteur pourrait se croire transporté dans les Caraïbes s'il ne respirait la fraîcheur piquante du Nord.

Un village de pêcheurs, choisi comme projet-pilote norvégien en 1975, à l'occasion de l'Année Européenne de la Protection des Monuments et de la Nature, se niche autour d'un petit port naturel appelé Nussfjord, à proximité de Ramberg. La plupart des maisonnettes, peintes uniformément en rouge, datent du 19e siècle. Quelques-une d'entre elles, des »Robuer«, sont à louer aux vacanciers.

Reine, le plus beau village de l'archipel, s'étend sur une presqu'île en forme de faucille entre le décor imposant de trois montagnes d'un noir profond et un paysage étrange de récifs délavés par les eaux et de bancs de sable jaune pâle.

Tous les chemins se terminent à A. La route est barrée de constructions en bois sur lesquelles sèchent les cabillauds qui deviendront de la morue. Un bateau nous emmène vers les courants de marée dont la vitesse et la force sont produites par un phénomène singulier de flux et de reflux.

Le petit bateau à moteur se dirige vers les îles Rost et Vaeroy, entre lesquelles coule le Moskenenstraumen, le courant que Jules Vernes a pris comme modèle dans »Vingt mille lieues sous la mer«. L'eau commence soudain à bouillonner et tourbillonner autour de nous, emportant irrésistiblement le bateau vers le large. Le capitaine a toutes les peines du monde à le manoeuvrer hors de la zone de danger. Le courant violent est produit par le rétrécissement entre les deux îles et par la différence du niveau de la mer qui est de 40 mètres à l'intérieur de l'archipel et de 900 mètres dans le fjord profond de Vestjord. Des masses d'eau énormes s'engouffrent dans ce couloir créé par la nature.

Røst et Vaerøy sont un véritable paradis pour les ornithologistes. Des millions de plongeons arctiques, de guillemots de troil, de pygargues à queue blanche, de cormorans, de mouettes tridactyles nichent sur les montagnes aux oiseaux. Le nombre des oiseaux couveurs s'est pourtant énormément réduit ces dernières années. La pollution des mers et la pêche à outrance ont des répercussions négatives jusque dans les dernières retranchées d'Europe.

En juin et juillet, des safaris »baleines« ont lieu sur les îles voisines Vesterålen. Avec un peu de chance, les participants à ces excursions guidées par des océanographes, pourront voir des cachalots, des denticètes, des rorquals, des baleines bossues, des baleines naines, des épaulards, des marsouins et des dauphins; images merveilleuses qui resteront à jamais gravées dans les mémoires.

Tromsø: la porte de l'Océan Arctique

Nous continuons notre route en direction du Nord, à travers les toundras de la Laponie et atteignons la région des fjords boréaux: le Lyngenfjord, le Kvaengenfjord, le Porsangenfjord, le Laksefjord. Les paysages offrent des visages plus sévères qu'à l'Ouest du pays; les fjords semblent encore plus immenses, les massifs dont les hauteurs atteignent 1000 mètres paraissent plus redoutables car leurs flancs de glace tombent à pic dans la mer. Tromsø se niche au coeur de ce paysage alpin, bâtie sur deux îles dans le Gøtsund. La ville qui doit son surnom de »porte de l'Océan Arctique« à son port important, a été le point de départ des expéditions de Nansen et d'Amundsen qui fut le premier à atteindre le Pôle Sud en 1912. Le musée polaire de Skansen renferme des souvenirs de la grande époque des expéditions polaires: la bouteille thermos et la tasse en fer-blanc d'Amunsen, le tonnelet de cognac que Nansen transportait toujours avec lui. Tromsø est la deuxième ville de Norvège de par sa superficie. Sa surface de 2500 km^2 englobe Kvaløy, Ringvassøy ainsi que plusieurs territoires sur le continent. Ses murs abritent l'université (avec une faculté de pisciculture) l'archevêché et la brasserie situés le plus au Nord d'Europe. 60 cafés de la ville servent la »Mack Øl«, la seule bière brassée au 70e parallèle nord.

Le pont haut de 43 mètres et long de 1036 mètres jeté au dessus du fjord et la cathédrale de l'Océan Arctique (la basilique la plus septentrionale du monde) dominent la physionomie de la ville. L'édifice de verre aux lignes avant-gardistes a soulevé maintes controverses. Il pourrait symboliser une tente laponne, un bloc de glace ou l'habitation triangulaire d'extra-terrestres! Le »Storsteinen«, un mont de 420 mètres de hauteur équipé d'un téléphérique, s'élève juste derrière la cathédrale. Il est le point de rencontre des amateurs de sports d'hiver de Tromsø qui ont quatre lifts et deux pistes de ski de fond éclairées à leur disposition. L'éclairage est nécessaire durant la saison de la nuit polaire qui se termine le 21 janvier. Mais quand à midi de ce jour, la boule rouge du soleil refait son apparition à l'horizon, toute la ville est alors en liesse et les écoliers ont même un jour de congé.

Au printemps, la nature se réveille rapidement de son long sommeil hivernal pour éclater dans toute sa vigueur en juin. Les champs fleuris au bord des rivages ressemblent aux oeuvres des peintres impressionnistes. On voit même des »palmiers« ou arbrisseaux »Heraclum« ayant la taille d'un homme, appelés palmiers de Tromsø.

Durant les longues soirées d'hiver, les habitants des régions boréales peuvent observer des traînées lumineuses vertes et blanches dans le ciel. Elles sont produites quand de minuscules particules de plasma expulsées de la couronne du soleil heurtent des particules magnétiques de notre atmosphère aux pôles de la terre. Les vacanciers qui séjournent à Tromsø en été, durant l'époque du soleil de minuit, ne pourront naturellement pas observer ce phénomène, mais s'ils visitent le Planétarium (dans le quartier de Breivika), des scientifiques leur expliqueront tout sur la lumière boréale.

Près d'Alta, située sur la route de Hammerfest, le plus important des musées de plein air du Finnmark s'étend sur des versants rocheux au-dessus du Hjemmeluftfjord. En se promenant dans le parc, on peut voir des peintures rupestres qui figurent des scènes de la vie en Laponie il y a 6000 ou 10 000 ans. Sur les rochers gravés, on reconnaîtra des hommes à la chasse, en train de danser et assis autour de feux de bois ainsi que des élans, des ours, des rennes et des saumons.

Située à 70° 39' 48" de latitude nord, l'étape suivante, Hammerfest, est la ville la plus septentrionale du globe terrestre. L'Alaska, le Groenland ou la Sibérie ne possèdent aucune agglomération de 8000 habitants bâtie aussi près du Pôle Nord. Le visiteur qui s'attend à trouver un avant-poste typique du Pôle Nord sera peut-être déçu. Depuis les falaises abruptes qui dominent Hammerfest, il aura certes un panorama merveilleux sur le paysage de récifs enrobés de la lumière du soleil de minuit, mais sinon, la petite ville bâtie autour d'une baie protégée ressemble à toutes les autres avec ses maisons en bois ou en pierre battues par les intempéries, ses entrepôts, une église au clocher pointu, quelques hôtels, restaurants et magasins. Elle n'abrite guère de curiosités si ce n'est le »club des ours polaires« qui a son siège à la mairie située sur le port. Jadis, les personnes qui franchissaient le portail devant lequel deux sculptures d'ours se dressent sous un baldaquin, faisaient partie d'un cercle exclusif. Mais depuis 200 ans, tous les visiteurs de Hammerfest peuvent devenir membres du club et inscrire leurs noms sous ceux des chasseurs d'ours et de phoques, des marchands de peaux, des scientifiques, des politiciens et des vedettes de cinéma.

Le Cap-Nord - au bout de l'Europe

Le Cap-Nord attire comme un aimant. Tout le monde veut être allé, au moins une fois dans sa vie, au point le plus septentrional de l'Europe. Le visiteur qui a parcouru 2800 kilomètres à travers la Norvège pour y arriver et coller sur sa voiture l'élan noir, sigle de la région, sera d'abord confronté à trois choses:

1. Une foule de personnes, bien plus qu'il n'en a vu durant tout son voyage, se presse autour du globe du Cap-Nord décoré d'une multitude d'autocollants.

2. Il ne se trouve pas à l'extrémité du continent européen, mais sur une île appelée Magerøy.

3. Le Cap-Nord n'est pas le point le plus septentrional de l'Europe. Les chercheurs anglais qui l'ont découvert en 1553, se sont trompés dans leurs calculations. Le cap voisin par exemple, le »Knivskejllodden«, s'enfonce un peu plus dans le Nord.

En outre, il lui faudra payer cher son exploit! L'entrée du parking est très élevée, celle du spectacle multivision montré dans la salle de cinéma est exagérée; la coupe de champagne servie au bar est hors de prix tout comme le steack de renne dur comme de la semelle du restaurant panoramique archicomble...Il vaut mieux se rendre dans un endroit tranquille du plateau du Cap-Nord pour jouir d'une vue inégalable sur l'Océan Glacial et sur des étendues infinies d'eau et de nuages, balayées par les vents et que percent parfois les rayons du soleil de minuit.

La route de l'Océan Arctique, voie principale de la Norvège vers le Grand Nord, ne s'arrête pas au Cap-Nord mais à Kirkenes, située non loin de la frontière russe. La ville minière de 5000 habitants, bombardée plusieurs fois et finalement rasée durant la seconde guerre mondiale, est aujourd'hui complètement reconstruite. Mais une atmosphère singulière de ville de chercheurs d'or plane toujours sur les rues bien trop larges, sur les blocs de maison trop éloignés les uns des autres. L'or de Kirkenes n'est pas du métal jaune, mais du minerai de fer extrait à Bjørnevatn. Son port est le terminus des bateaux de la ligne Express Côtier arrivant de Bergen après avoir effectué un trajet long de 2500 milles marins et aussi le point de départ d'excursions d'une journée jusqu'à la ville russe de Murmansk.

Svalbard/Spitzbergen: des hivers interminables

La Norvège possède encore une région à 1000 kilomètres du Pôle Nord, entre les 74e et 81e parallèles: l'archipel Svalbard composé de nombreux îlots inhabités et de quelques îles assez vastes comme Spitzbergen, Nordaustland, Edgeøya, Barentsøya, Prins Karls Forland, Bjørnoya, Hopen, Kvitøa et Karls Land qui sont éparpillées sur 25.000 km^2 de mer. Selon des chroniques islandaises, les Vikings auraient découvert ces îles en 1194 et les auraient nommées Svalbardi Fundinn, (côtes froides).

Près de 500 ans plus tard, en 1596, le marin hollandais Wilhelm Barents découvrait à son tour l'archipel. Il prit les icebergs, les glaciers et les bancs de glace pour une partie du Groenland et leur donna le nom de Spitzbergen (montagnes pointues). Les Néerlandais qui cherchaient surtout des baleines dont la graisse procurait l'huile des lampes, allaient bientôt créer une véritable industrie de traitement de la baleine dans les glaces arctiques. Au début du 17e siècle, chaque saison de pêche ramenait de 2000 à 3000 chalutiers avec 15.000 hommes à bord dans l' Océan Arctique et la mer de Barents, à la poursuite des baleines, des phoques et des morses. La baleine du Groenland n' avait aucune chance de survivre avec cette chasse à grande échelle et fut vite exterminée.

Les trappeurs, russes pour la plupart, massacrèrent ensuite les ours polaires et les renards bleus. Par hasard, on découvrit que les montagnes noires qui se dressaient entre les icebergs, contenaient d'énormes quantités de houille relativement facile à extraire. La Norvège, la Suède, le Danemark et la Russie revendiquèrent les îles dès que cette nouvelle fut connue. Le traité de Paris de 1920 régla le conflit en plaçant Spitzbergen sous la domination norvégienne, toutefois avec une clause accordant le droit d'utiliser les ressources naturelles de la région aux autres nations signataires du traité. Jusqu'à présent, seules la Suède et la Russie ont usé de ce droit. En outre, la Norvège s'engageait à ne pas autoriser l'utilisation de Svalbard à des fins militaires, mais à en permettre l'accès aux scientifiques de toutes nationalités, ce qui a permis à plusieurs pays de créer des centres de recherche dans cette région fascinante proche du Pôle Nord.

Aujourd'hui, 1800 Norvégiens et 2200 Russes vivent pacifiquement ensemble sur Spitzbergen. L'extraction de la houille s'opère dans un rayon de 50 kilomètres autour de Longyearbyen. Le nom de la capitale de la région est celui du millionnaire américain John Longyear dont la société d'explorations a exploité illégitimement les mines de 1904 à 1916. Il appela Longyearcity le hameau créé à l'époque. Mais quand les Norvégiens prirent possession de l'endroit, ils trouvèrent que le nom était exagéré et remplacèrent city par Byen (village).

En 1975, les Norvégiens décidèrent de construire un aéroport sur l' île, mais les Russes objectèrent à sa construction car un aéroport civil pouvait aussi être utilisé militairement, ce qu'interdisait la clause du Traité de Spitzbergen. Finalement, la question fut réglée grâce à la mentalité particulière des »Spitzbergenois«. Aujourd'hui, Russes et Norvégiens sont assis côte à côte dans la tour de contrôle du nouvel aéroport pour surveiller l'atterrissage quotidien d'une machine de la ligne Braathens SAFE. Le vol dure une heure et demie depuis Tromsø et trois heures à partir d'Oslo.

L'infrastructure des îles polaires est encore très rudimentaire. Hormis le petit hôtel de l'aéroport, les visiteurs ne trouveront guère de possibilités de se loger, à moins qu'ils ne fassent du camping ou se construisent un igloo. Toutefois, la plupart des touristes arrivent sur des bateaux de croisière possédant de confortables cabines.

Aujourd'hui, plusieurs organisations offrent des vacances »aventureuses« sur Spitzbergen tels des tours guidés sur la banquise »de la toundra aux glaciers«. Les participants qui doivent être bien équipés portent leurs bagages sur le dos et bâtissent leur gîte pour la nuit chaque soir.

On dit de Svalbard qu'il est le dernier lieu sauvage d'Europe. Les zones habitées forment de minuscules points sur une surface de 62700 kilomètres carrés. Dans cette nature véritablement inviolée, les occasions d'observer les animaux arctiques en liberté sont multiples. Des colonies de phoques, de morses et d'ours polaires -qu'il ne faut pas trop approcher - s'ébattent sur les glaces flottantes. Les renards bleus et les rennes sauvages parcourent la toundra et 160 espèces d'oiseaux vivent sur les montagnes d'oiseaux le long des côtes occidentales au climat adouci par le Gulfstream.

Les températures de cette région sont cependant très rigoureuses durant toute l'année. Elles descendent entre 8 et 16 degrés au–dessous de zéro en hiver et atteignent juste 4 ou 5 degrés au–dessus de zéro pendant la longue période d'été. Le sol gèle jusqu'à 300 mètres de profondeur pour ne se réchauffer qu'en surface en été.

La Norvège - un pays d'aventures entre le pétrole et la glace, une nature inviolée de montagnes et de fjords, un but de voyage pour individualistes. Nous avons parcouru la route de l'Océan Arctique d'Oslo à Kirkenes, un trajet de 5600 kilomètres allez–retour aussi long que nos excursions à travers le Sud de la Norvège. Le pays des Trolls et des fjords et celui d'Edvard Munch et de Peer Gynt. Des bateaux nous ont emmenés sur les îles des Lofoten, des Vesterålen et vers Spitzbergen. Nous avons découvert des cultures millénaires; nous avons suivi les traces des nomades venus de l'Ouest en Laponie; nous avons été impressionnés par la splendeur des anciennes villes hanséatiques et par les cathédrales majestueuses. Mais ce qui nous a le plus fascinés ont été les vastes espaces déserts et la nature grandiose du Nord.

Menschen in Norwegen

People in Norway / Les Norvégiens

Die Nachfahren der Wikinger wohnen vornehmlich im Süden zwischen Oslo, Bergen und Trondheim, den drei großen Städten Norwegens. Mittel- und Nordnorwegen sind fast menschenleer. Statistisch gesehen leben auf einer Fläche von 325.000 qkm (etwa so groß wie Deutschland) 4,2 Millionen Einwohner. Besonders dünn besiedelt ist die Provinz Finnmark, der Norden Norwegens. Hier ziehen Samen - wie sich die Lappen selber nennen - mit ihren Rentierherden über die weiten Tundren. Vor Jahrhunderten wanderten die Nomaden aus Nordasien nach Skandinavien ein. Bis heute haben sie ihre eigene Kultur und Sprache beibehalten. Im übrigen Norwegen verständigt man sich in zwei Sprachen, die allerdings ziemlich ähnlich klingen: In bokmål, das aus dem Dänischen entstand und in Nynorsk, ein dem Schwedischen verwandter Dialekt.

Norway covers an area larger than that of Great Britain and Ireland together. The population of a mere 4.2 million is concentrated in the south, round Oslo, Bergen and Trondheim, the three largest cities. The province of Finnmark, which lies within the Arctic Circle, has very few inhabitants, This is the area of the Lapps, some of whom are still nomadic, following their herds of reindeers across great expanses of tundra. The Lapps migrated to Norway from northern Asia centuries ago and have kept their own language and culture. Elsewhere in Norway two languages are spoken, both of which sound very similar: Bokmål, 'book language' and Nynorsk, 'new Norwegian' a composite of various dialects.

Les descendants des Vikings vivent surtout dans le Sud entre Oslo, Bergen et Trondheim, les trois villes principales du pays. Aujourd'hui, la Norvège a 4,2 millions d'habitants occupant une superficie de 325 000 km (un peu moins des 2/3 de la France). Ses parties centrale et septentrionale sont presque désertiques. La région du Finnmark, au Nord, est particulièrement peu peuplée. Les Samenes -nom que se donnent les Lapons- y parcourent les vastes toundras avec leurs troupeaux de rennes. Les nomades, arrivés du Sud de l'Asie en Scandinavie il y a plusieurs siècles, ont conservé leurs traditions et leur langage. Deux autres langues aux consonances similaires sont parlées dans le reste du pays: le bokmål d'origine danoise et le nynorsk apparenté au suédois.

SOMMERKÅL
10,-
BLOMKÅL
10,-

FORENEDE KULIMPORTØRER A/S
EVERGREEN
EVERGREEN

GOODYEAR

Oslo
Pipervika

Am Ende des 100 km langen Oslofjordes liegt Norwegens Hauptstadt Oslo, flächenmäßig eines der größten Stadtgebiete der Welt. Das Zentrum ist gut überschaubar, fast alle Sehenswürdigkeiten liegen in Fußgängerdistanz vom königlichen Schloß entfernt. Die Hafenbucht Pipervika wird von der Festung Akershus - um 1300 von König Håkon V. gegründet - und vom neuen Rathaus (1931 - 1950 erbaut) beherrscht. Der rote Backsteinbau mit den beiden unterschiedlich hohen Türmen blickt auf Skandinavien bedeutensten Hafen herab. Bei Semesterbeginn herrscht reges Treiben im Studentenviertel. Auf der Karl-Johans-Gate, vor der Universität, werden Bücher und Informationen ausgetauscht.

Oslo, the capital of Norway, lies at the head of the 100-kilometre-long Oslofjord. From its area Oslo is one of the largest cities in the world, but most of the sights can be found in the relatively small city centre and within walking distance of the Royal Palace. Two buildings dominate Pipervika bay: Akershus castle, founded by King Håkon V around 1300, and the new City Hall, built between 1931 and 1950. This red brick building with its two asymmetrical towers looks down over the most important port in Scandinavia. - A new term brings students flocking to Oslo University, centrally situated in Karl-Johans-Gate. The Great Hall is worth a visit for its murals by the painter Edvard Munch.

Oslo (452 000 habitants), une des plus grandes capitales du monde de par sa superficie, s'étend au bout de l'Oslofjord long de 100 km. Presque toutes ses curiosités sont proches du Château Royal et peuvent se visiter à pied. Le fort de Akershus -érigé vers 1300 par le roi Håkon V. et le nouvel Hôtel de Ville (bâti entre 1931 - 1950) dominent la baie portuaire de Pipervika. L'édifice en briques rouges et aux deux tours différentes de la mairie surplombe le port le plus important de la Scandinavie. Une animation fiévreuse règne dans le quartier des étudiants quand l'université rouvre ses portes. On échange informations et livres sur le Karl-Johan, la rue principale de la capitale.

42/43 Oslo bei Nacht/by night/la nuit
44 Oslo, Rathaus/City hall/l'Hôtel de Ville
45 Oslo, Studenten/students/étudiants

CERET DE TOROS
1991

Oslo

Museumsinsel Bygdøy

Im Vikingskipane-Museum findet man drei Exemplare von Wikingerbooten aus dem 10. Jahrhundert, mit denen die bärtigen Gesellen in ganz Europa Furcht und Schrecken verbreiteten. Mit diesen schnellen, hochseetüchtigen Langschiffen drangen sie bis nach Island, Grönland, ja selbst bis an die Ostküste Nordamerikas vor. Die hier ausgestellten drei Boote, das 23 m lange Gokstad-Schiff, das 21 m lange Oseberg-Schiff und das etwas kleinere Tune-Schiff befuhren allerdings nie die Meere. Sie dienten Mitgliedern von Königs- und Adelsfamilien als Geleitschiffe nach Walhalla. In die Welt des Forschers Thor Heyderdahl führt ein Besuch des Konti-ki-Museums, in dem Kontiki, ein Floß aus Balsaholz und das Papyrosboot Ra II ausgestellt sind.

In the Vikingskipene Museum there are three examples of 10th century Viking ships, typical of the craft in which those formidable seafarers explored the known world of their time. The Vikings reached Iceland, Greenland and even the east coast of North America. The Gokstad ship (23 m long), the Oseberg ship (21 m long) and the somewhat smaller Tune ship are all exhibited here, though none of them ever sailed the oceans. They were burial ships for the royal family and the nobility, used to transport the dead to their last resting-place in Valhalla. The Kon-Tiki Museum is devoted to the researches of ethnographer Thor Heyerdahl and exhibits two of his famous rafts, the Kon-Tiki and the Ra II.

Le musée des drakkars "vikingskipmuseet" renferme trois exemplaires de bateaux vikings datant du 10e. siècle. A bord des drakkars, longues embarcations rapides, les hommes barbus et chevelus partirent semer la terreur dans toute l'Europe, s'enfoncèrent jusqu'en Islande et au Groenland et atteignirent même la côte est de l'Amérique du Nord. Les trois bateaux exposés ici, le Gokstad long de 23 m, le Oseberg long de 21 m et le Tune de plus petite taille n'ont toutefois jamais navigué, mais étaient destinés à emporter les membres des familles royales au Walhalla (paradis des Germains). Au musée Kon-Tiki sont exposés le Kon-Tiki, radeau en bois de balsa et le Ra II, bateau en papyrus, de l'explorateur Thor Heyerdahl.

46 Oslo, Oseberg-Schiff/The Oseberg ship/L'Oseberg
47 Oslo, Papyrusboot Ra II/Ra II/Le Ra II
48 Oslo, Burg Akershus/Akershus Castle/le fort de Akershus
49 Oslo, Hafen/Oslo harbour/le port d'Oslo

RA II
RA II
PÅSKEØYA

ROYAL VIKING SUN

PHILIPS
VELKOMMEN TIL
OLMENKOLLRENNENE
I DAG
KL 13.15
SPESIELT HOPPRENN
OSLO

Oslo

Holmenkollenschanze

Die Sprungschanze auf den 500 m hohen Holmenkollen überragt Oslo und die Fjordlandschaft. Sie wurde 1892 erbaut, damals allerdings für Sprünge um die 20 m Weite. Seither mußte die Anlage mehrmals erweitert werden, weil die Atlethen immer weiter springen. Beim alljährlichen Holmenkollenspringen am ersten Sonntag im März sind 100 m Sprünge keine Seltenheit. 1952 war die Schanze Austragungsort der olympischen Spiele. Die nächste Winterolympiade findet 1994 im rund 100 km entfernten Lillehammer statt, wo heute schon die Skifahrer auf olympischen Spuren wedeln.

This famous ski jump on the 500 m high Holmenkollen hill dominates Oslo and the fjords around. It was built in 1892, although at that time it was designed for jumps of about twenty metres. Since those early days the Holmenkollenbakken has been frequently rebuilt to accommodate increasingly longer jumps by athletes. An annual international ski-jump competition is held at Holmenkollen on the first Sunday in March, and nowadays jumps of 100 metres are not uncommon. Interested visitors can take a trip to the top of the ski-jump by lift. In 1952 Holmenkollen hosted the Winter Olympics, which return to the country in 1994, this time to the picturesque town of Lillehammer, 100 km north of Oslo.

Le tremplin construit sur le mont Holmenkollen (500 mètres), surplombe Oslo et un merveilleux paysage de fjords. Construit en 1892 pour des sauts qui à l'époque ne dépassaient pas 20 mètres, il a depuis été élargi plusieurs fois à mesure que les athlètes augmentaient leurs prouesses. Aujourd'hui, des sauts de 100 mètres sont courants comme on peut le voir à la compétition annuelle qui a lieu le premier dimanche de mars sur le massif. Les épreuves de saut des Jeux Olympiques d'hiver 1952 se sont déroulées au Holmenkollen. Les prochains jeux en 1994 auront pour scène Lillehammer éloignée de 100 km où aujourd'hui déjà, les skieurs descendent des pistes olympiques.

50 Oslo, Holmenkollenbakken
51 Lillehammer, Wintersport/Winter sports/Sports d'hiver

Gudbrandsdal im Sommer

In Summer / En été

Ohne Schnee und aus der Luft zeigt sich Lillehammer aus einer ungewöhnlichen Perspektive. Der Mjøsa-See, Norwegens längster Binnensee, bietet vielfältige Möglichkeiten zum Wassersport und zur Fahrt mit dem historischen Schaufelraddampfer „Skibladner". An der Straße von Lillehammer nach Ringebu liegt das Gräberfeld von Hundorp mit Hünengräbern aus der Jahrtausendwende. Die Wikinger begruben ihre Helden unter Grabhügeln und legten Waffen, Boote, Bronzegefäße dazu.

This aerial view, taken in summer, shows the winter sports paradise of Lillehammer from an unusual angle. - Lake Mjøsa, Norway's longest inland water, is a popular place for water-sports. The less energetic prefer a leisurely outing on the Skibladner, the lake's historic paddle-steamer. - The tumuli of Hundorp stand beside the road from Lillehamer to Ringebu. These grave mounds are about one thousand years old, and in them the Vikings buried their heroes. The dead were thought to go on a journey to the underworld and so were provided with burial objects like boats, weapons and vessels of bronze.

Lillehammer sans neige et vue depuis le ciel montre un visage inhabituel. Le lac de Mjøsa, le plus long de Norvège, offre de nombreuses possibilités de sports nautiques et des excursions à bord du "Skibladner", un bateau à aubes historique datant de 1856. Sur la route qui relie Lillehammer à Ringebu, on peut voir le site funéraire de Hundorp avec des tombes de Vikings vieilles de près de mille ans. Les Vikings enterraient leurs héros sous des tumuli avec leurs armes, leurs bateaux et leurs pots en bronze.

52 Lillehammer, Luftaufnahme/Aerial view/Vue aérienne
53 Hundorp, Wikingergrabhügel/Viking burial mound/ Tumuli de Vikings

Stabkirchen

Stave churches / Eglises en bois debout

Wie Schiffe zu Land, so wirken die mittelalterlichen Holzkirchen Norwegens, die in derselben Technik wie Boote errichtet wurden. Leider haben nur 25 Exemplare der einst über 1000 Kirchen die Zeit überdauert. Die Stabkirche von Hopperstad bei Vik fällt durch ihr steiles Dach auf. Kontrast zum verwitterten Äußeren bildet der Renaissancealtar und der gotische Baldachin im Inneren. Ungewöhnlich groß geriet die rote Stabkirche von Ringebu bei Lillehammer. Das Kirchenschiff wird von 12 Trägermasten gestützt und wirkt wie ein hölzernes Labyrinth.

These remarkable medieval churches look rather like stranded ships and indeed their architectural design has a great deal in common with ancient Viking boat-building techniques. Originally there were about one thousand of these wooden churches, although sadly only twenty-five have survived. The stave church of Hopperstad near Vik is noteworthy for its steeply-angled roof. Visitors should not be misled by the weathered exterior, however, for inside the church there can be found a fine Renaissance altar and a Gothic canopy. The red stave church of Ringebu near Lillehammer is unusually large. The nave is supported by 12 masts instead of pillars and gives the impression of a wooden labyrinth.

Les églises en bois médiévales de Norvège ressemblant à des bateaux échoués dans le paysage ont été érigées selon des techniques de constructions navales. Il ne reste malheureusement plus que 25 des 1000 églises de jadis. L'église en bois debout de Hopperstad près de Vik a un toit singulier à la pente très inclinée et offre un contraste intéressant entre son extérieur rongé par le temps et son intérieur décoré d'un très bel autel Renaissance et d'un baldaquin de style gothique. La grande église de bois debout peinte en rouge de Ringebu près de Lillehammer a une nef supportée par 12 poteaux et ressemble à un véritable labyrinthe en bois.

54 Hopperstad, Stabkirche/Stave church/Eglise de bois debout
55 Borgund, Stabkirche/Stave church/Eglise de bois debout

Stabkirchen

in Heddal und Borgund

Heddal, die größte Stabkirche Norwegens, wurde im Jahre 1250 erbaut und Mitte des 19. Jahrhunderts total restauriert. Leider gingen durch Bausanierung wertvolle Teile der Malereien und Inneneinrichtungen verloren. Die Schnitzereien an den Portalen sind eine schönes Beispiel für mittelalterliche Bildhauerkunst in Südnorwegen. Die Dachflächen der Kirche wurden so konstruiert, daß der Eindruck einer Fregatte unter vollen Segeln entsteht. Die Stabkirche von Borgund gilt als die berühmteste und am besten erhaltendste Holzkirche. Sie verbindet christliche Elemente mit heidnischen Drachenköpfen und Dämonen. Das sechsstufige, mit Holzschindeln gedeckte Dach, erinnert an den Schuppenpanzer eines Drachens.

Heddal, the largest stave church in Norway, was built in 1250. It was completely restored in the middle of the 19th century, although regrettably the renovators also removed valuable wall paintings and furnishings. The carvings on the doorways are fine examples of medieval south Norwegian woodwork. The roofs of the stave churches were constructed to give the impression of a frigate in full sail. - Borgund is the most famous and best-kept of all the wooden stave churches. Its design is a curious blend of Christian and heathen styles, with carved dragons' heads, snakes and demonic figures. The six-storeyed roof is covered with wooden tiles that resemble the scales of a dragon (p. 55).

Heddal, la plus grande église de bois debout de Norvège, a été érigée en 1250 et entièrement restaurée au milieu du 19e siècle. Malheureusement, une bonne partie des peintures et de l'aménagement intérieur ont disparu durant les travaux de rénovation. Les reliefs du portail en bois montrent un bel exemple de sculpture médiévale du Sud de la Norvège. L'architecture du toit a été pensée d'après le modèle d'une frégate voguant toutes voiles dehors. L'église de bois debout de Borgund est le plus célèbre et le mieux conservé des édifices religieux construits en bois. Il rassemble des éléments "chrétiens" et des têtes de dragons, des serpents et des démons païens. Le toit de bardeaux construit sur six niveaux ressemble à la carapace d'un dragon.

56/57 Heddal Stabkirche/stave church/Eglise de bois debout

Südküste

The south coast / La côte sud

Mit den Namen Aust- und Vest-Agder verbinden Norwegenkenner unbeschwerte Badefreuden an feinsandigen Stränden, an sanft ins Meer geneigten Felsenklippen, hübschen kleinen Buchten mit Ausblicken auf die formenreiche Schärenküste, auf die vielen kleinen vorgelagerten Inselchen. Hier befindet sich das Südkap Lindesnes. Aber auch das Hinterland hat seine Reize. Unverdorbene Natur, so weit das Auge reicht. Bewaldete Hügel laden zum Beerensammeln ein, klare Seen zum Angeln und über die wildschäumenden Stromschnellen springen Lachse und Forellen. Das Kulturgut der Vergangenheit kann in zahlreichen Freilichtmuseen betrachtet werden wie hier die historischen Holzhütten von 1754 aus der Provinz Telemark.

Those familiar with Norway will know Austagder and Vestagder as superb holiday areas, with beaches of fine sand, gentle rocky shorelines and delightful bays overlooking a jumble of offshore islands. Norway's most southerly point, Cape Lindesnes, makes a pleasant trip, as does the countryside inland. A variety of delicious wild berries can be picked on the hills, anglers love the clear waters of the lakes and if you have sufficient patience you will be treated to the sight of salmon and trout accomplishing breathtaking leaps up waterfalls. Open-air museums preserve many aspects of the region's past, its buildings and culture. As an example, these wooden huts from Telemark date from 1754.

Les noms des départements Aust-Agder et Vest-Agder évoquent des côtes ensoleillées propices aux baignades sur de longs rivages de sable fin, dans de jolies criques rocheuses et sur les nombreuses petites îles qui longent le littoral. C'est ici que se trouve le cap Lindesnes, l'extrémité sud de la Norvège. L'arrière-pays offre des paysages entièrement différents. Des forêts s'étendant à perte de vue invitent à la cueillette de baies; elles sont parsemées de lacs regorgeant de poissons et traversées de torrents et rivières à saumons et à truites. Dans de nombreux musées de plein air, les visiteurs pourront admirer des témoignages du passé comme ces cabanes en bois datant de 1754, situées dans la province du Telemark.

58 Araksbo, Sandnesfjord
59 Telemark, Holzhütten/Wooden huts/Cabanes en bois

Kristiansand

Die Schöne des Südens

König Christian IV. gründete 1641 Kristiansand, heute Hauptstadt der Ferienregion Sørlandet. Aus der Vogelperspektive erkennt man den schachbrettartigen Aufbau von Altstadt und Hafen. Im Mittelpunkt dieser „Quadratur" steht der Dom mit seinem 70 m hohen Turm aus dem Jahre 1885. Interessanter, schon wegen des Alters, ist die kleine Kirche von Oddernes, bei der ein 1000 Jahre alter Runenstein steht, der die Geschichte der Kirche erzählt. Die Küstenstraße zwischen Oslo und Bergen ist mit Brücken gespickt. Die Stahlbrücke rechts verbindet das Zentrum von Haugesund mit der Insel Karmøy.

King Christian IV founded Kristiansand in 1641. The town is now the capital of the holiday area of Sørlandet. Our bird's eye view shows the chessboard design of the Old Town and the harbour, with the Cathedral in the centre. This building dates from 1885, and its tower is 70 metres high. Much older than the Cathedral is the interesting little church of Oddernes, outside which a thousand-year-old runestone stands. The runes (an ancient form of Germanic alphabet) relate the history of the church. - There are numerous bridges along the coast road from Oslo to Bergen. The steel bridge on the right connects the centre of Haugesund with Karmøy.

En 1641, le roi Kristian IV fondait Kristiansand, aujourd'hui la capitale du Sørlandet, région réputée de villégiature. Vu d'avion, on peut très bien reconnaitre le plan rectangulaire appelé la "kvadraturen" sur lequel sont construits le port et la vieille ville dominée par la cathédrale (1885) avec sa tour de 70 mètres de hauteur. La petite église de Oddernes est bien plus intéressante, ne serait-ce que par son âge et son histoire racontée sur une pierre runique datant de mille ans. La route longeant le littoral entre Oslo et Bergen a de nombreux ponts. Le pont en acier à droite relie le centre de Haugesund à l'île de Karmøy.

60 Kristiansand, Luftaufnahme/Aerial view/Vue aérienne
61 Haugesund

Kontraste in Öl

Water colours and oils / Le pétrole en contraste

Der Fluß Otra, der in den Fjells bei Bjåen entspringt und nach kurzem ereignisreichen Lauf bei Kristiansand ins Meer mündet, bildet auf seinem Weg interessante Wasserlandschaften mit engen Schluchten und langgestreckten Seen, auf denen Inseln zu schwimmen scheinen wie auf nebenstehendem Bild bei der Ortschaft Egersund. Ölbohrinseln mag niemand gerne sehen, doch die Wirtschaft Norwegens braucht sie dringend als Devisenbringer. Mit zahlreichen solcher Bohrtürme suchen Explorationsfirmen vor der Küste nach dem flüssigen Gold der Nordsee. Wenn sie fündig geworden sind, entstehen gewaltige Förderanlagen auf künstlichen Inseln mitten im Meer.

The Otra river rises in the fjells, near Bjåen, and its course, if short, is extremely varied. Before it meets the sea at Egersund it runs through diverse landscapes, rushing through narrow gorges and broadening out to form elongated lakes. - Offshore oil rigs are not a popular sight as a rule, but they bring hard currency and thus play a vitally important role in the economy of Norway. A number of concerns are involved in exploring the coastal waters for new sources of oil. When an oil well is found, a gigantic platform has to be set up on an artificial island before boring can start. The rig in the illustration is near Stavanger.

Le fleuve Otra qui prend sa source dans les massifs près de Bjåen et se jette dans la mer non loin de Egersund, offre des paysages fascinants tout au long de son cours aventureux. Il coule parfois dans des gorges abruptes ou se déploie en vastes lacs paisibles sur lesquels flottent des îles. Les plates-formes de forage ne sont peut-être pas des sites très recherchés des vacanciers, mais elles apportent les devises indispensables à l'économie norvégienne. C'est avec de telles plates-formes que les firmes d'explorations détectent l'or noir de la Mer du Nord et bâtissent ensuite d'immenses installations flottantes au large des côtes.

62 Egersund/Rogaland
63 Stavanger, Ölbohrinsel/Oil rig/Plate-forme de forage

océ
20829
Kopiering og Data
océ

Stavanger

Der moderne Teil gilt als Zentrum von Norwegens Offshore-Industrie mit modernen Verwaltungsgebäuden von Ölgesellschaften, Schiffswerften und Ausrüstern, mit Supermärkten und Spielhöllen. Die Altstadt hat jedoch nichts von ihrem Charm verloren. Um den Breiavatnet, einem See, der sich nur 300 m hinter der Küstenlinie erstreckt, siedelten schon um die Jahrtausendwende Wikingerfamilien. Heute befinden sich zwischen See und Meer einige der Hauptsehenswürdigkeiten Stavangers, Dom, Kongsgårdskole (Königshofschule), Kulturhuset und Torget (Markt).

The more modern parts of Stavanger serve as a centre for the offshore oil industry. There are office blocks, shipyards, ship's chandlers and supply firms, supermarkets and amusement arcades. In spite of this development, the Old Quarter has managed to retain its charm. Stavanger is one of Norway's oldest towns. A thousand years ago, Vikings settled in this region around the Breiavatnet, a small inland lake only 300 metres behind the shoreline, and today, in the narrow stretch between the lake and the sea, stand some of the best-known sights of Stavanger: the Romanesque cathedral, the Kongsgårdskole, once the king's residence and now a school, the Kulturhuset and the Torget, or market.

La nouvelle partie de cette ville de la Mer du Nord constitue le centre de l'industrie offshore norvègienne avec les édifices modernes des sociétés pétrolières, des chantiers maritimes, des supermarchés et des casinos. La vieille ville n'a toutefois rien perdu de son charme. Vers l'an mille, des familles de Vikings habitaient déjà sur les rives du Breiavatnet, un petit lac s'étendant à 300 mètres seulement de la côte. Quelques-unes des principales curiosités de Stavenger se trouvent aujourd'hui entre le lac et la mer: la cathédrale, le Kongsgårdskole (Ecole, jadis résidence royale), le Kulturhuset et le Torget (marché).

64 Stavanger
65 Stavanger, Altstadt /Old Town/La vieille ville

Naerøfjord/Prekestolen

Östlich von Stavanger erhebt sich der 600 m hohe Prekestolen (Predigtstuhl) über dem zerklüfteten Lysefjord. Jeder möchte einmal auf der kantigen, quadratischen Aussichtsplattform aus hartem Granitstein stehen, die von den Gletschern der Eiszeit so akurat glatt geschliffen wurde, als hätte sie ein Riese zugehauen. Auch ein anderer Schiffsausflug hinterläßt nachhaltige Eindrücke, die Fahrt auf den Naerøfjord, einem Nebenarm des Sognefjords, dessen Felswände an manchen Stellen so steil und eng aufragen, daß kaum ein Sonnenstrahl in die Bucht fällt.

East of Stavanger the 600 metre high Prekestolen, or pulpit, towers above the deeply fissured rocks of Lysefjord. All visitors to Norway want to stand on the rough-hewn granite viewing platform of the Prekestolen, which ice age glaciers have carved so cleanly from the surrounding landscape that one can almost imagine a giant has been at work here. - Another recommended outing by ship is a tour of Naerofjord, a branch of Sognefjord. This spectacular gorge provides an unforgettable experience for all who visit it. The sides of Naerøfjord are so precipitous and the fjord itself so narrow that scarcely any sunlight reaches the foot of the gorge.

A l'Est de Stavanger, le Prekestolen (la Chaire) s'élève à 600 mètres au-dessus du Lysefjord déchiqueté que Victor Hugo a évoqué dans "Les travailleurs de la mer". Un panorama magnifique s'offre depuis le plateau de granit dur découpé par les glaciers de l'ère glaciaire avec tant de précision qu'il semble avoir été taillé par la main d'un géant. Une autre excursion laissera des souvenirs inoubliables; c'est une croisière dans le Naerøfjord, un bras du Sognefjord dont les parois abruptes sont parfois si étroites qu'elles ne laissent entrer aucun rayon de soleil dans le ravin.

66 Gudvangen, Naeroyfjord
67 Prekestolen

Bergen

Im späten Mittelalter war Bergen Haupt- und Residenzstadt Norwegens. Die eigentliche Blütezeit erlebte die Hafenstadt, als im Jahre 1350 Kaufleute der deutschen Hanse im Brygge-Viertel Lagerhäuser, Kontore und eine Fischfabrik eröffneten. Heute befindet sich in einem dieser alten Holzhäuser das Hanse-Museum, das von vielen Touristen besucht wird. Sie bummeln durch die anheimelnde Altstadt rund um die Hafenbucht Vågen, über den Fisch- und Blumenmarkt und besichtigen Bergens alte Kirchen, den gotischen Dom und die romanische Marienkirche aus dem 12. Jahrhundert und steigen schließlich zur Festung Bergenhus, die Hafen und Stadt beherrscht.

In the late Middle Ages Bergen became the capital of Norway and the residence of the Norwegian kings. Bergen's heyday began in 1350, when German merchants of the Hanseatic League set up warehouses, agencies and a fish processing plant in the Tyske Brygge, or German quarter. One of the old wooden houses here has now been converted to the popular Hansa Museum. Visitors to Bergen also enjoy strolling in the picturesque Old Town around Vågen harbour and exploring the fish and flower market and the old churches, including the Gothic Cathedral and the 12th century Romanesque church of St Mary. Finally there is the climb up to the fortress of Bergenhus which dominates the town and the harbour.

Bergen était la capitale de la Norvège à la fin du moyen-âge et connut son apogée à partir de 1350 après que les marchands allemands de la ligue hanséatique ouvrirent des entrepôts, des établissements commerciaux et une fabrique de poissons dans le quartier de Bryggen. Aujourd'hui, un de ces anciens édifices en bois abrite le musée de la Hanse, très visité des touristes. D'autres attractions sont la vieille ville qui s'étend autour de la baie de Vågen, les marchés aux poissons et aux fleurs, les anciennes églises de Bergen - la cathédrale gothique et l'église romane Sainte-Marie du 12e siècle - et le fort de Bergenhus qui surplombe le port et la ville.

68 Bergen, Tyske Brygge
69 Bergen, Folklorezug und Johannisfeuer/traditional ceremonies/cortège folklorique et Feu de la Saint-Jean
70/71 Bergen

Tvinnefossen

Der Golfstrom, der für das milde Klima Westnorwegens verantwortlich ist, bringt auch viele Regenwolken, die sich an den hohen Fjordbergen abregnen. So wundert es nicht, daß von allen Felsen Wasser herabstürzt, mal in hauchdünnen Bindfäden, mal in mächtigen Katarakten wie hier bei Tvinnefossen. Holz ist im Land der unendlichen Wälder keine Mangelware. Die Flüsse, Seen und Fjorde stellen willkommene Transportwege dar, auf denen die Holzstämme zum Nulltarif zu den Häfen oder Holzfabriken schwimmen.

The Gulf Stream, which is responsible for the mild climate of western Norway, also brings in plenty of rain clouds which deposit their burdens on the high mountains of the fjord region. It is not surprising, therefore, that water descends from every rock face, sometimes drifting downwards in a lacy stream of silver, sometimes hurtling into the gorges in fierce torrents like this waterfall near Tvinnefossen. - In this land of seemingly boundless forests wood is a common material. Rivers, lakes and fjords are used for the quick, cheap and easy transport of logs to harbours and sawmills.

Le Gulfstream auquel la Norvège occidentale doit son climat doux, apporte aussi beaucoup de nuages qui éclatent contre les hautes montagnes des fjords. Ce n'est donc pas étonnant que l'eau ruisselle de tous les rochers, que ce soit en minces filets ou en cataractes tumultueuses comme ici à Tvinnefossen. Le bois est une matière première abondante dans ce pays aux forêts immenses. Les fleuves, les lacs et les fjords constituent des voies de transports faciles et gratuites qui emportent les troncs vers les ports ou les fabriques de bois.

72 Tvinnefossen
73 Heddal, Holzflöße/Log rafts/Flottage du bois

Briksdalsbreen

Kalbende Gletscher

Norwegens Gletscher wachsen wieder, besonders der 486 qkm große und bis zu 500 m dicke Jostedalsbreen, die mächtigste Eisfläche Europas, die sich auf der bis zu 2000 m aufragenden Hochfläche zwischen Sognefjord und Nordfjord ausbreitet. Vom Hochplateau senken sich Gletscherzungen durch Täler und Einschnitte bis zu den Fjorden und Seen hinab. Eine der spektakulärsten Gletscherabsenkungen heißt Briksdalsbreen. Er ist einer der wenigen Gletscher Europas, der direkt in einen See mündet, der vom Gletscherwasser gebildet wird. Von Zeit zu Zeit brechen dicke Eisbrocken ab und fallen krachend ins Wasser, man sagt, der Gletscher kalbt.

Norway's glaciers are advancing again, especially Jostedalsbreen, 486 sq. kilometres in area and up to 500 metres thick, the largest sheet of ice in Europe. It is situated between Sognefjord and Nordfjord, on a plateau which reaches altitudes of 2,000 metres. From here, tongues of the great glacier move imperceptibly but inexorably through valleys and ravines down to the fjords and lakes below. Among the most spectacular of these is Brikdalsbreen, one of the few European glaciers that drops directly into a lake formed by its own meltwater. When chunks break off the sheet of ice and tumble into the greenish waters, there is a vivid phrase to describe it; they say 'the glacier is calving'.

Les glaciers norvégiens ont recommencé à s'étendre, surtout le Jostedalsbreen, la plus grande superficie de glace d'Europe (486 km^2 et jusqu'à 500 m d'épaisseur), qui se déploie sur les plateaux atteignant 2000 m de hauteur situés entre le Sognefjord et le Nordfjord. Des langues glaciaires s'incrustent à travers les vallées et les failles et descendent jusqu'aux lacs et aux fjords. L'une des plus spectaculaires est le Bridksdalsbreen, un des rares glaciers d'Europe à déboucher dans un lac dont les eaux sont également glaciaires. De masses de glace se détachent de temps à autre pour tomber dans les flots avec fracas. Les habitants de la région disent que le glacier vêle.

74 Briksdalsbreen, Gletschermoräne/glacier moraine and lake/ masses de glace avec lac
75 Briksdalsbreen, Gletscherwanderung/a glacier walk/ excursion sur le glacier

Briksdalsbreen

Der Aufstieg zum Gletscher beginnt in der Ortschaft Briksdal. Über einen breiten Waldweg steigt der Bergwanderer in gut einer Stunde bis an den Rand der Moräne. Wer's bequem mag, der mietet sich im Tal eine Pferdekutsche und läßt sich zum Gletschersee hinauffahren. Lohn der Tour ist der unmittelbare Blick auf die Abbruchstelle des Gleschers, der seine Formen, seine blauen Eistürme, Tore, Pyramiden, Höhlen ständig verändert - eine phantasievolle und formreiche Natur. Aus dem Briksdal stürzen überall Wasser über nackte Felsen in den See und gelangen als Sturzbäche in den nahegelegenen Fjord.

The route to Brikdalsbreen glacier begins in the village of Briksdal. Walkers who follow the broad path which winds upwards through the forest can reach the edge of the moraine in about an hour. An easy alternative is to hire a carriage, which will transport you effortlessly from the valley up to the glacier lake. The reward is an astounding view, for the end of the glacier is right ahead, and all the fantastic and ever-changing forms taken by the ice, blue towers, arches, pyramids and caves, can be viewed from close at hand. Torrents of water gush unceasingly from the glacier over the bare rocks and plunge down the valleys to the fjord below.

La montée du glacier commence au hameau de Briksdal. Une marche d'une heure sur un large sentier forestier conduit au bord de la moraine. Les moins sportifs peuvent louer une carriole dans la vallée qui les emmènera au lac glaciaire. La récompense de la randonnée à pied est d'arriver tout près de l'endroit d'où se détachent les blocs de glace et de jouir d'un panorama grandiose sur le glacier aux teintes bleues dont les formes et les contours se transforment sans cesse. Des torrents d'eau cascadent partout sur les roches nues, se précipitent dans le lac et coulent ensuite en cataracte dans le fjord voisin.

76 Briksdalsbreen, Gletscherbrücke/glacier bridge/pont de glace
77 Briksdalsbreen, Wasserfall/waterfall/cascade
78/79 Loenvatn

Loenvatn/Trollstig

Ein Bild wie gemalt, an klaren, windstillen Tagen spiegeln sich die Bergkuppen des Jostedalsmassivs mit dem Lodalskåpa (2083 m) als höchste Spitze im hellgrünen Wasser des Loenvatn. Der stille Bergsee liegt nur einige Meter über dem Meeresspiegel, über dem Innikfjord und wird vom Gletscherwasser des Kjeendalsbreen gespeist (Seite 78/79).
Goldener Steig, goldene Route, so heißt Norwegens eindrucksvollste Bergstrecke. Sie beginnt in Åndalsnes am Isfjord, führt zunächst durch liebliche Täler und Wälder, schraubt sich an wilden Gebirgsbächen vorbei in alpine Regionen, um wieder in tiefe Schluchten abzusteigen. Spektakulärstes Stück ist die Überquerung des Trollpaßes (rechts).

Nature can also imitate art, for this surely could be a painting. Here the peaks of the Jostedal massif, with Lodalskåpa (2083 m) as the highest of the range, are mirrored in the pale green waters of the Loenvatn. This secluded mountain lake, just above Innikfjord, lies only a few metres above sea level (previous page).
The Golden Path is Norway's most impressive mountain route. It begins in Åndalsnes on Isfjord, passes through pleasant valleys and woods then zigzags upwards, following the course of rushing mountain streams into the highlands only to descend abruptly into deep ravines. The most spectacular stretch of the road is Trollstig, the Troll Pass.

Durant les jours clairs et non venteux, les sommets du massif du Jostedal se reflètent dans les flots verts du lac -le plus haut est le Lodalskåpa avec 2083 m d'altitude. Le lac de montagne paisible qui ne s'étend qu'à quelques mètres au-dessus du niveau de la mer et du Innikfjord, est alimenté par les eaux du glacier de Kjeendalsbreen (pages 78/79).
Le Golden Steig, la "route dorée" est la route de montagne la plus impressionnante de Norvège. Elle commence à Åndalsnes dans le Isfjord, se déroule d'abord à travers des vallées riantes et de belles forêts, contourne des torrents sauvages dans les hautes régions alpines pour dévaler de nouveau en gorges profondes. Un de ses tronçons les plus spectaculaires est la traversée du col des Trolls haut de 852 mètres.

78/79 Loenvatn
80 Briksdalsbreen, Wildwasserbach/mountain stream/Torrent
81 Trollstig/Route des Trolls

Trollveggen/Stigfossen

Die Trollwand (Trollveggen) gilt als höchste und schwerste Kletterwand Europas. Sie lockt Extrembergsteiger an, die die 1800 m Höhendifferenz mit mehreren Überhangpassagen bewältigen wollen. Die Luftaufnahme zeigt, durch welch schroffe Gebirgswelt sich der Trollstig zwängt, eine Herausforderung an den Motortouristen wie an die Natur, die sich in ihrer majestätischen Unberührtheit gestört fühlt. Zu beiden Seiten der Straße stürzen Wasserfälle zu Tale wie der 180 m hohe Stigfossen bei der Ortschaft Trollstigheimen, wo alljährlich im Juli das Trollstig-Slalomrennen stattfindet. In Valldal endet der erste Teil der Goldenen Route am Norddalsfjord. Die Autos werden auf Fährschiffe verladen und auf die andere Seite nach Eidsdal gebracht.

The Trollveggen face is considered to be the highest and most challenging rock climb in Europe. The drop of 1,800 metres has a number of overhangs, attracting the most daring and experienced rock-climbers. This aerial view gives an impression of the grandiose scenery through which the Troll pass winds. It is no easy route for vehicles to negotiate, but the view is stupendous. On each side waterfalls cascade down the rocks and near Trollstigheimen a road bridge crosses Stigfossen waterfall, 180 metres high. The annual Trollstigheimen slalom takes place in July. The first part of the Golden Route ends at Valdal, Norddalsfjord, where cars are loaded on to ferries and transported to Eidsdal.

Le mur des Trolls (Trollvegen), est la paroi la plus élevée et la plus difficile à escalader d'Europe. Sa hauteur de 1800 mètres comprenant plusieurs passages, attire les alpinistes expérimentés. La vue aérienne montre le rude paysage de montagnes à travers lequel la route des Trolls se fraye le passage, un défi autant pour les automobilistes que pour la nature touchée dans sa majestueuse inviolabilité. Une des nombreuses chutes d'eau ruisselant de chaque côté de la route est la cascade de Stigfossen, haute de 180 mètres et située près du hameau de Trollstigheimen où se déroule chaque année la course de slalom Trollstig. Le premier morceau de la route dorée se termine à Valldal au Norddalsfjord que les voitures traversent sur des bacs qui les transportent à Eidsdal.

82 Trollveggen/aerial view/Mur des Trolls, vue aérienne
83 Stigfossen

Geirangerfjord

Inmitten hoher, steil abfallender Berge liegt der idyllische Geirangerfjord, eng wie ein ertrunkenes Flußtal, still wie ein Gebirgssee. Von allen Seiten stürzen Bergwässer in die Tiefe, märchenhafte Wassergebilde mit Namen wie „Sieben Schwestern", „Brautschleier", „Freier". Ganz am Ende der Fjordbucht liegt die Ortschaft Geiranger mit ihren Hotels, Restaurants, Campinghütten und Bauernhöfen. Zu den besonderen Erlebnissen gehört eine Fjordrundfahrt mit der MS-Geirangerfjord und eine Tour auf den 1500 m hohen Dalsnibba. Vom Gipfel genießt man eine prachtvolle Aussicht auf die Berg- und Fjordwelt.

The idyllic Geirangerfjord is bounded by high, steep rock faces. The fjord itself is as narrow as a drowned river valley and tranquil as a mountain lake, a magical picture. Sparkling waterfalls flow ceaselessly from the heights into the valley, many bearing fairytale names like the Seven Sisters, the Suitor and the Bridal Veil. At the head of the fjord stands the town of Geiranger, well supplied with hotels, restaurants, camp sites and farms. A tour of the local fjords on the MS Geirangerfjord will prove a memorable experience, as will an excursion to the nearby peak of Dalsnibba, 1,500 metres high, from which there is a panoramic view of the surrounding landscape of mountains and fjords.

Le Geirangerfjord, étroit comme une vallée fluviale submergée et paisible comme un lac de montagne, s'étend dans un paysage idyllique au milieu de massifs aux versants abrupts. Des cascades ruissellent de tous les côtés. Elles forment des tableaux aussi enchantés que leurs noms: "les sept soeurs", "le voile de la mariée", "le prétendant". A l'extrémité de la baie du fjord se niche le village de Geiranger avec ses hôtels, ses restaurants, ses campings et ses fermes. Deux belles excursions à faire sont une promenade en bateau sur le fjord à bord du Ms-Geirangfjord et une randonnée au sommet du Dalsnibba (1500 m) d'où l'on découvrira un panorama magnifique sur le monde des fjords et des montagnes.

84/85 Geirangerfjord

Ålesund

Zwischen den Küstenbergen der Sunnmøre-Alpen und den vorgelagerten Schären breitet sich das lebhafte Städtchen Ålesund über mehrere Inseln aus. Das Stadtzentrum mit den historischen Holzhäusern brannte zuletzt 1904 ab und wurde einige Zeit später vollständig neu im skandinavischen Jugendstil wieder aufgebaut, diesmal per Dekret des Stadtrats in Stein. Vom 189 m hohen Aussichtsberg Aksla blickt man auf die farbenfrohen Häuserzeilen, die sich in den Kanälen spiegeln, auf die zahlreichen Fährboote, die zwischen den Inseln hin und her pendeln und auf die Kreuzfahrtschiffe, die hier anlegen, bevor sie in den Geirangerfjord hineinfahren.

The bustling town of Ålesund, Norway's biggest fishing port, extends over a number of islands which lie between the coastal Sunnmøre mountains and the skerries, or rocky reefs off the coast. The town centre, with its historic wooden houses, last burned down in 1904 and was rebuilt shortly afterwards in a Scandinavian form of Art Nouveau, not in wood but, by order of the town council, in stone. Climb to the top of Aksla hill (189 m), overlooking Ålesund for a bird's eye view of the colourful rows of houses mirrored in the canals, the island ferries jostling for space in the harbour and the cruise liners which anchor here before sailing on into Geirangerfjord.

La petite ville animée de Ålesund s'étend sur plusieurs îles entre les "Alpes du Sunnmøre" bordant la côte et des champs d'écueils plantés dans la mer. Le centre historique de la ville qui était construit en bois, a brûlé pour la dernière fois en 1904 et a été entièrement reconstruit dans le style Art Nouveau scandinave, mais en pierre, après un décret passé par le conseil municipal. Depuis le sommet de la colline Aksla, haute de 189 mètres, une très jolie vue s'offre sur les rangées de maisons colorées se reflétant dans l'eau, sur les innombrables embarcations qui font la navette entre les îles et sur les navires de plaisance qui accostent à Ålesund avant d'entrer dans le Geirangerfjord.

86/87 Ålesund

Jotunheimen

Hinter der zerklüfteten Fjordküste erhebt sich das Hochland von Jotunheimen und Dovre Fjell, wie es Dag Hammarskjöld beschrieben hat: „Bläulich schimmernd wellt sich das Fjäll bis hinüber zum fernen Horizont. Leise läßt ein Wildbach seine Wasser zu Tale tanzen, wo Wollgras im goldenen Glanz der nächtlichen Sonne aus den Wiesen leuchtet. Ein einsamer Schmetterling gaukelt dazwischen. Darüber steht die Luft, flimmernd und voll des würzigen Dufts aus Wacholder, Birke und Moor."

Journeying southwards from Ålesund's jagged coastline of fjords, we reach the highlands of Jotunheimen and Dovrefjell, which have been so aptly described by Dag Hammarskjild: "The shimmering blue mountains undulate to the distant horizon. A mountain stream sends its waters dancing delicately into the valley, where cotton grass gleams among the meadows, lit up by the nocturnal sun. A solitary butterfly flutters playfully around, and the air above is sparkling, full of the spicy scents of juniper, birch and marshland".

Derrière les côtes déchiquetées des fjords, se dressent les massifs de Jotunheimen et de Dovredjell tels que Dag Hammarskjöld les a décrits: "Etincelant de nuances bleutées, le massif ondule jusqu'à perte d'horizon. Les flots d'un torrent roulent doucement vers la vallée où les linaigrettes brillent sur les prés, dans l'or du soleil crépusculaire. Un papillon solitaire voltige dans l'air scintillant, rempli des arômes épicés du genévrier, du bouleau et de la mousse."

88 Boverdal/Jotunheimen, Bergsee/mountain lake/ Lac de montagne

89 Förde/Sogn og Fjordane, Wollgraswiesen/ cotton grass meadows/Linaigrettes

Vogelparadies am Polarkreis

Bird sanctuary, Arctic Circle / Paradis des oiseaux

Auf den Schären zwischen Ålesund, Bud und Kristiansund nisten riesige Vogelkolonien von Möven, Papageientauchern, Trottellummen, Baßtölpeln, Eisturm- und Brachvögeln, Austernfischern und Seeadlern. Am bekanntesten ist die Vogelinsel Runde, ein 6 qkm großer Felsen, der 300 m aus dem Meer ragt. Er ist leicht von Ålesund aus mit der Fähre zu erreichen. Typisch für die Nordwestküste Norwegens sind die großen Holzgestelle, auf denen Dorsch und Kabeljau aufgehängt werden, damit sie zu knochenharten Stockfischen austrocknen. Die Aufnahme entstand bei Bud.

Vast colonies of seabirds nest on the skerries between Ålesund and Kristiansund: gulls, puffins, gannets, guillemots, fulmars, whimbrels, oyster catchers and sea eagles. The best-known of these colonies is on Runde, a huge rock 6 square kilometres in area, which rises 300 metres out of the waves. Runde is easily reached by ferry from Alesund. - A typical sight all along the north-west coast of Norway, these large wooden frames are used to hang up hake and cod, which are then left to dry out. The result is an unsalted, rock-hard product known as stockfish. This photo was taken near the delightful fishing village of Bud, which can be reached on excursions from Molde, the 'town of roses'.

D'immenses colonies de mouettes, de plongeons arctiques, de guillemots de troil, de fous de bassan, de fulmars glaciaux, de courlis, de huîtriers et de pygargues habitent les récifs entre Ålesund, Bud et Kristiansud. La plus réputée des îles aux oiseaux est Runde, un rocher de 6 km², émergeant de la mer à une hauteur de 300 mètres, d'où l'on peut se rendre aisément par ferry depuis Ålesund. Une image typique des côtes nord-ouest de la Norvège sont les grandes constructions en bois sur lesquelles on accroche les cabillauds pour qu'ils deviennent de la morue séchée, comme ici à Bud.

90 Mövenfelsen bei Bud, Papageientaucher, Baßtölpel auf Runde, Vogelfelsen in Bud, Gull colony, Bud, Puffins, Guillemots, Bird colony in Bud, Rochers de mouettes à Bud, fous de bassan sur Runde, rocher d'oiseaux à Bud, guillemots de troil

91 Stockfische bei Bud/Stockfish near Bud/Cabillaud à Bud

Rødvenfjord

In Møre og Romsdal, dem nördlichsten Bezirk von Norwegens Fjordland, reiht sich ein Fjord an den anderen. Die Atlantikstraße, die Ålesund mit Molde und Kristiansund verbindet, verläuft entlang malerischer Fjordbuchten, aber auch weit draußen auf Stelzen über dem stürmischen Meer. Sanft schmiegt sich der Rødvenfjord in die Landschaft, Küste und Hinterland befinden sich in Harmonie. An den Ufern leben Fischer und Bauern in kleinen Dörfern wie Rødven oder in weit verstreuten Einzelgehöften.

In Møre og Ramsdal, the most northerly province of the Norwegian fjordland, every available stretch of coastline seems to accommodate a fjord. The Atlantic road, which connects Ålesund, Molde and Kristiansund, follows a succession of bays along the coast, although to avoid great detours inland, parts of the route run on viaducts high above the stormy North Sea. Nature strikes a harmonious balance in the area of Rødvenfjord. Along its banks live farmers and fishermen, either in isolated houses or in villages like Åndalsnes and Rødven. Åndalsnes, at the head of the fjord, is a good starting point for excursions, while Rødven has an interesting old stave church, the only one in this area.

Les fjords se succèdent à Møre og Romsdal, le district le plus septentrional du pays des fjords norvégiens. La route de l'Atlantique qui relie Ålesund à Molde et Kristiansund longe de pittoresques baies sur les fjords, mais franchit aussi la mer déchaînée sur de hauts ponts. Le Rødvenfjord se niche paisiblement dans un paysage où le littoral et l'arrière-pays forment une image harmonieuse. Sur ses bords, les pêcheurs et les paysans vivent dans de petits villages comme Rødven ou dans des fermes et maisons de pêcheurs isolées.

92 Rødvenfjord
93 Rødven, Rødvenfjord

ARKITEKTENE
FASTING, NOS & SELMER A S

Trondheim

Nidelv-Flußufer / the river Nidelv / La Nidelv

Trondheim, die Hauptstadt der mittelnorwegischen Provinz Sør-Trondelag liegt am Ufer des Nidelvs, der hier in den Trondheimfjord mündet. Das ehemalige Nidaros entstand aus einer Wikingersiedlung, die im Jahre 997 von König Olav Tryggvason gegründet wurde. Im 17. Jahrhundert etablierten sich zu beiden Seiten des Flußhafens Handelsgesellschaften, bauten Speicherhäuser aus Holz, die in der Folgezeit mehrmals abbrannten und immer wieder im selben Stil aufgebaut wurden. Die rote Holzbrücke „Bybrua" verbindet die Altstadt mit Dom, erzbischöflichen Palast und Stiftsgarten mit dem neueren Teil, der von der Festung Kristiansten überragt wird.

Trondheim, the third biggest city in Norway, stands on the banks of the river Nidelv, which runs into the sea in Trondheimfjord. The old name of the town was Nidaros. Founded in 997 by King Olaf Tryggvason, Trondheim became an important commercial centre in the 17th century, when trading companies set up in business on each side of the river. They erected wooden warehouses which frequently burned down, only to be rebuilt in the same style as before. Sights of the Old Town include the Cathedral, the Bishop's Palace and the royal palace of Stiftsgarden. The Bybrua, a red wooden bridge, connects this old quarter with the newer part, dominated by the fortress of Kristiansten.

Trondheim, la capitale de la province centrale de Sør-Trondelag, s'étend sur le bord du fleuve Nidelven qui se jette à cet endroit dans le Trondheimfjord. L'ancienne Nidaros fut bâtie à l'emplacement d'un village de Vikings fondé par le roi Olav Tryggvason en 997. Au 17e siècle, des marchands s'établirent sur les rives du fleuve où ils construisirent des entrepôts en bois qui brûlèrent plusieurs fois au cours des siècles et furent toujours reconstruits dans le même style. Le pont en bois "Bybrua" relie la vieille ville où se dressent la cathédrale, l'archevêché et le manoir de Stiftgarten à la ville nouvelle dominée par le fort Kristiansten.

94 Trondheim, Lagerhäuser/warehouses/entrepôts
95 Trondheim, Stadtbrücke über den Nidelv/Bridge/Pont

Der Dom von Trondheim

Trondheim Cathedral / La Cathédrale de Trondheim

Auf den Fundamenten einer hölzernen Wallfahrtskirche, bei der zahlreiche Wunder geschehen sein sollen, baute man im 12. Jahrhundert eine große Steinkathedrale über das Grab von Olav dem Heiligen, dem Schutzpatron Norwegens. Zunächst begann man mit einer kleineren Steinkirche im romanischen Stil, die im 14. Jahrhundert von einem gotischen Dom überbaut wurde. Das Bild links zeigt Langschiff, Chor und Hochaltar der Trondheimer Kathedrale. Die Reliquien des heiligen Olavs mit all ihren Schätzen gingen im 16. Jahrhundert während der Reformation verloren. Bis zum heutigen Tage werden Norwegens Könige im Nidaros-Dom gekrönt und an seiner Westseite, in der Königsgalerie, begraben.

The earliest church here was a simple wooden building housing the remains of King Olaf Haraldsson, who died in 1030. After a series of miracles was reported at Olaf's tomb, he was made patron saint of Norway and pilgrims flocked to visit the shrine. In the 12th century a stone church, built in Romanesque style, was erected on the site and later incorporated into a great Gothic cathedral, the Nidarosdomen, one of the landmarks of the city. The photo right shows the nave, organ and rose window; the costly shrine of St Olaf was lost in the 16th century during the Reformation. By tradition the kings of Norway are crowned in Trondheim cathedral and buried in the Kings' Gallery on the west side.

Au 12e siècle, une cathédrale en pierre était d'abord construite sur les fondations d'une église de pélerinage en bois qui renfermait la tombe de Saint-Olav, le patron de la Norvège, sur laquelle de nombreux miracles se seraient produits. Il y eut ensuite une petite église romane que remplaça finalement la cathédrale gothique actuelle datant du 14e siècle. L'image de droite montre la nef, le choeur et l'autel. Le reliquaire de Saint-Olav et tous les trésors de la cathédrale ont disparu au 16e siècle durant la Réformation. Jusqu'aujourd'hui, les rois de Norvège sont sacrés dans la cathédrale de Nidaros et enterrés dans la galerie des rois située sur le côté gauche.

96 Trondheim; Nidaros-Dom/Cathedral from the air/ Cathédrale de Nidaros, vue aérienne
97 Nidaros-Dom/Gothic cathedral/Intérieur de la cathédrale

Polarkreis

The Arctic Circle / Le Cercle Polaire

Am 23. Juni feiert ganz Norwegen das Mittsommernachtsfest. Dann wird getanzt, getrunken und überall im Lande Johannisfeuer entzündet. Aber nur nördlich des Polarkreises auf 66°33' sinkt die Sonne, je nach Breitengrad, für Tage, Wochen oder gar Monate nicht mehr unter den Horizont. An der Stelle, an der die Eismeerstraße den Polarkreis schneidet, weisen eine Reihe von Denkmälern und das Polarzirkel-Zentrum auf die geographische Linie hin. In dem runden Betonbau des Zentrums befindet sich ein Museum, eine Caféteria und ein Schalter, an dem man das begehrte Polarzirkelzertifikat bekommt. Nahe bei dem Gebäude befindet sich eine Gedenkstätte, die auf eine prähistorische Kultstätte aus der Steinzeit hinweist.

On June 23rd Norwegians light bonfires and celebrate the annual feast of Midsummer Night. About half of Norway lies above the Arctic Circle, that is above latitude 66°33', and thus experiences the phenomenon of the midnight sun. The further north you go, the more you will see of the summer sun, and near the Pole it does not set for months. A handful of monuments and a circular concrete building known as the Arctic Circle Centre mark the point where the E6, or Arctic Highway, crosses the Arctic Circle. The Centre houses a museum, a cafe and a counter selling Arctic Circle diplomas, always in great demand. Nearby there is evidence that this spot was once a Stone Age cult site.

Le 23 juin, la Norvège entière célèbre la nuit de la Saint-Jean. Partout dans le pays, de grand feux sont allumés autour desquels on danse et on boit. Mais c'est seulement au Nord du Cercle Polaire à 66°33' de latitude que le soleil ne disparaîtra plus derrière l'horizon durant des jours, des semaines et même des mois. De nombreux monuments et le Centre du Cercle Polaire se dressent à l'endroit où la route de l'Arctique coupe le célèbre parallèle. L'édifice circulaire du centre abrite un musée, une cafétéria et un guichet où l'on peut acquérir le certificat tant convoité du Cercle Polaire. A proximité, une pierre commémorative rappelle qu'un lieu du culte préhistorique existait à cet endroit.

98 Mitternachtssonne am Polarkreis/Midnight sun at the Arctic Circle/Soleil de minuit au Cercle Polaire

99 Prähistorische Kultstätte am Polarkreis/Artic Circle Lieu du culte préhistorique au Cercle Polaire

100 Lyngsalpen

101 Torghatten

Flora Norwegens

The flora of Norway / La flore de Norvège

Nördlich des Polarkreises ist die Region von Eis und Schnee von Svatissengletscher und Lyngsalpen. Hier, an der Küstenstraße zwischen Ørnes und Nesna, befindet sich der sagenumwobene Felsen mit dem Loch (Seite 101).
Die Pflanzenwelt hat große Ähnlichkeit mit der der Hochalpen Mitteleuropas. Auf den Tundren wachsen Wacholder, Krüppelkiefern, Birken und Latschen. In den Bergregionen findet man Flechten, Moose, Gräser, Pilze, Algen. Im Frühling überzieht die Blumenpracht Fjordwiesen und Fjellalmen mit einem Farbenrausch. In der Zeit der Mitternachtssonne kann man die Blumen förmlich im Zeitraffertempo aufblühen sehen. Auf den nebenstehenden Bildern von oben links nach unten rechts: Fingerhut, Lupinien, Moosbeeren, Vogelbeeren, Wollgras, Lappen-Diapensia (Heidekraut), Moos, Blaubeeren.

The Svatissen glacier and Lyngsalpen are realms of ice and snow north of the Arctic Circle. - On the coast road between Ørnes and Nesna stands the local landmark of Torghatten, the pierced hat (p. 101).
In many ways the flora or Norway is similar to that of the Alps. Juniper, birches and mountain pines grow on the tundra, while the mountainous regions harbour lichen, mosses, grasses, fungi and algae. In spring the meadows of the fjords and the mountain pastures are carpeted with masses of brilliantly-coloured flowers, and during the period of the midnight sun it is even possible to watch the blooms opening in very slow motion. The plants shown in the photograph are (from top left to bottom right) foxgloves, lupins, cranberries, rowan berries, cotton grass, diapensia, moss, bog whortleberries.

Le royaume de glace et de neige du glacier Svatissen et des Lyngalpen commence au Nord du Cercle Polaire. Le célèbre rocher troué se dresse sur la route côtière entre Ørnes et Nesna (page 101).
La flore norvégienne est très similaire à celle des hautes Alpes d'Europe centrale. Les genévriers, les pins nains, les pins tordus et les bouleaux poussent dans les toundras. On trouve du lichen, de la mousse, des champignons, de l'herbe et des algues dans les montagnes. Au printemps, les prés des fjords et les pâturages des massifs se recouvrent d'immenses tapis de fleurs de toutes les couleurs. Durant l'époque du soleil de minuit, les touristes pourront voir les fleurs s'épanouir littéralement sous leurs yeux. Sur les images de gauche à droite et de haut en bas: digitales, lupins, canneberges, sorbes, linaigrettes, bruyère, mousse, airelles.

Lofoten / Saltstraumen

Fischfarm / Fishfarm / Ferme aquatique

Hauptort der Provinz Nordland und Ausgangspunkt für Exkursionen auf die Lofoten und Vesterålen ist Bodø. In der Umgebung liegt der Saltstraumen, der Gezeitenstrom. Viermal am Tage, im Rhythmus von Ebbe und Flut, wechselt die Strömung des Malstroms die Richtung durch eine 150 m breite Meeresenge. Das Meerwasser erreicht dabei eine Geschwindigkeit von 28 Knoten. Fischfang spielte in der Vergangenheit eine besondere Rolle für die Küstenstadt Bodø. Heute befinden sich in den Fjorden Fischfarmen, in deren großen runden Behältern Lachse, Heilbutt, Kabeljau und Saiblinge herangezogen werden. Die Inselkette der Lofoten schiebt sich weit ins Polarmeer hinaus und bildet einen natürlichen Schutzwall für den Küstenabschnitt zwischen Bodø und Narvik. Nur einige der rund 80 Inseln sind bewohnt.

Bodø, the main town of the province of Nordland, is an ideal starting-point for excursions to the Lofoten and Vesterålen islands. Nearby are the notorious Saltstraumen, spectacular tidal currents. Here the sea is constricted within a narrow channel only 150 metres wide where the flow of water can reach speeds of 28 knots. The rhythm of the tides causes the current to change direction four times a day. - Deep-sea fishing used to be of primary importance for Bodø. Now in the surrounding fjords there are fish farms where salmon, halibut, cod and char are confined to large net containers. Critics complain that the fish lack space and are given an unnatural diet of artificial feeding stuffs.

Bodø, la ville principale de la province Nordland est le point de départ des excursions vers les Lofoten et les Vesterålen. Le Salstraumen, le courant de marée le plus violent du monde, se trouve à proximité. Quatre fois par jour, au rythme du flux et du reflux, le courant change de direction à travers un passage de mer étroit de 150 mètres en atteignant une vitesse de 28 noeuds. Autrefois, la ville côtière de Bodø vivait de la pêche en haute mer. Aujourd'hui, les saumons, flétans et cabillauds sont élevés dans des fermes aquatiques à l'intérieur des fjords; une méthode parfois critiquée car les poissons n'ont pas de liberté de mouvement et sont engraissés artificiellement.

Lofoten
Reine

Auf einer sichelförmigen Halbinsel liegt der alte Handelsort Reine inmitten der bizarren Berglandschaft von Moskenesy. Als Venedig des Nordens bezeichnen die Lofotenbewohner Henningsvaer auf Austvagoy, wegen seiner vielen Kanäle und Wasserläufe. Der Vergleich mit der „Serenissima" übertreibt. Der größte Fischerhafen der Lofoten bietet die meiste Zeit des Jahres ein recht verschlafenes Bild. Nur in der Hauptfangzeit, in den Monaten Januar bis April, geht es hier lebhaft zu, wenn Hunderte von Fischerbooten die Hafenmolen anlaufen, um ihren Fang zu löschen. Typisch für die Lofoten: Die weißgestrichene Seemannskapelle von Sildpollnes vor dem wolkenverhangenen Floyfjell in der Nähe von Svolvaer.

The chain of islands known as the Lofoten extends well into the Arctic Ocean, providing a natural protective shield for the stretch of mainland coast between Bodø and Narvik. Henningsvar, the largest fishing port of the Lofoten, is a sleepy place for most of the year. It only springs to life at the height of the fishing season, from January to April, when hundreds of fishing boats can be seen returning to harbour to unload their catch (page 109).
The old trading port of Reine stands on a sickle-shaped peninsula amid the bizarre mountain scenery of Moskenes.The photo shows a typical white-painted seaman's chapel in Sildpollnes.

Le chapelet d'îles des Lofoten s'avance profondément dans la mer polaire, formant une protection naturelle pour la partie de littoral située entre Bodø et Narvik. Pendant presque toute l'année, Henningsvaer, le plus grand port des Lofoten, offre l'image d'un village endormi. C'est seulement pendant la saison de pêche, de janvier à avril, que l'atmosphère s'anime lorsque des centaines de bateaux de pêche accostent les quais pour y décharger leurs prises.
Reine, ancien comptoir hanséatique, s'étend sur une presqu'île en forme de faucille, entourée des montagnes sauvages de Moskenes. Mais le panorama unique n'est pas la seule attraction de ce village de pêcheurs. Reine est aussi un point de départ idéal pour partir faire de l'escalade sur les montagnes environnantes ou des excursions en mer vers les îles voisines et dans le Trollfjord. La chapelle des marins peinte en blanc de Sildpollnes est un tableau typique des Lofoten.

110 Kapelle von Sildpollnes/Lofoten/Chapel/Chapelle
111 Eggum/Lofoten

Lofoten

Bilderbuchdorf Nusfjord

Malerisch gruppieren sich die 28 Holzhäuser von Nusfjord um die kleine geschützte Hafenbucht. Das ganze Dorf steht unter Denkmalschutz. Es wurde im 19. Jahrhundert errichtet und 1975 als Pilotprojekt des europäischen Natur- und Denkmalschutzjahres ausgewählt. In seiner Glanzzeit - um die Jahrhundertwende - standen hier dreimal so viel Fischerhütten zwischen Fels und Meer. Heute vermieten die Einwohner von Nusfjord diese Rorbuer an Feriengäste. Zu den einfachen, mit etwas Komfort ausgestatteten Hütten für 4 bis 6 Personen gehören ein Fischerboot, ein Angelgerät und ein Fahrrad.

The twenty-eight wooden houses of Nusfjord nestle snugly around a tiny sheltered harbour; the whole village, which dates from the 19th century, is now under a preservation order. In 1975 Nusfjord was selected as a Norwegian pilot project for European Preservation Year. In its heyday, which came at the turn of the century, there were three times as many fishermen's huts standing between the rocks and the sea as there are today. Nowadays the people of Nusfjord let these Rorbus, or houses on stilts, to holiday guests. A Rorbu is simply but quite comfortably furnished to accommodate from four to six people, and comes thoughtfully equipped with a fishing boat, a fishing rod and a sturdy bike.

Les 28 maisons en bois de Nusfjord, nichées autour d'une petite baie protégée, forment un village très pittoresque, classé monument historique. Erigé au 19e siècle, il a été choisi comme projet-pilote en 1975 durant l'Année Européenne de la Protection des Monuments et de la Nature. Au tournant du siècle, l'époque de sa prospérité, trois fois plus de cabanes de pêcheurs se dressaient entre la mer et la montagne. Aujourd'hui, les habitants de Nusfjord louent les "robuer" aux touristes. Aménagées avec un confort simple, les maisonnettes peuvent accueillir de 4 à 6 personnes et sont pourvues d'un bateau, d'un vélo et de lignes de pêche.

112 Å/Lofoten
113 Nusfjord/Lofoten

Lofoten

Von Svolvaer nach Å

Brücken und Tunnel verbinden die Lofoteninseln untereinander, so daß man mit dem Auto zu einer Inselrundfahrt durch den Archipel starten kann. Ausgangspunkt ist die Hauptstadt Svolvaer. Mitten aus dem Zentrum erhebt sich der Berg Svolvaergeita in Form einer Ziege mit zwei großen steinernen Hörnern. Extremkletterer wagen den legendären Geißsprung von einem Horn zum anderen hoch über dem Abgrund. In Å endet die Lofotenstraße bei einer alten Trankocherei, die heute unter Denkmalschutz steht.

The Lofoten islands are connected by a series of bridges and tunnels, so it is possible to explore the whole chain by car. The starting-point of the tour is the capital of the Lofoten islands, Svolvaer. The town is dominated by the dramatic double-horned summit named Svolvaergita, or Svolvaer's goat, a name which needs no explanation. Although there is a sheer and quite terrifying drop between the two rocky peaks, very experienced climbers have been known to attempt the leap from one side to the other. The road leading through the Lofoten archipelago ends - in view of the name, perhaps we should say begins - at Å, where there is an old fish-oil factory, now listed as a historical monument.

On peut parcourir l'archipel des Lofoten en voiture car des ponts et des tunnels relient la plupart des îles. Le point de départ est Svolvaer, l'agglomération principale des îles. Au centre, se dresse le mont Svolvaergeita qui a la forme d'une chèvre couronnée de deux grandes cornes en pierre. Les alpinistes éprouvés risquent le fameux saut d'une corne à l'autre au-dessus du vide. La route des Lofoten se termine à Å près d'une ancienne fabrique d'huile de baleine qui est aujourd'hui monument historique.

114 Nusfjord
115 Svolaergeita/Lofoten
116 Mitternachtssonne/Midnight sun/Soleil de minuit
117 Lofoten im Winter/The Lofoten in winter/ Les Lofoten en hiver

Vesterålen

Wal-Safari

Es mag erstaunen, welche Vielfalt von Tieren und Pflanzen in den arktischen Meeren leben. Bei einer Wal-Safari, die auf den Lofoten und Vesterålen organisiert werden, bekommen die Fotografen mit ein bißchen Glück Buckelwale, Schwertwale, Finnwale, Pottwale, Walrösser, Robben, Tümmler, Langfinnendelphine vor die Kamera. Wer dann noch hinabtaucht in die phantastische Unterwasserwelt, sieht große Schwärme von silbrig glänzenden Heeringen, rotleuchtenden Lachsen und Seewölfe, er findet Algen und Seegräser, die im Rhythmus der Meeresströmung tanzen.

The icy waters of the Arctic Ocean can sustain an astoundingly wide variety of plant and animal life. On the whale safaris which set out from the Lofoten and the Vesterålen islands, shooting is strictly reserved for the photographers. With luck one can spot humpback whales, killer whales, finbacks, sperm whales, walruses, seals, dolphins and porpoises on the trip. Those who take the opportunity to dive beneath the waves will see an unfamiliar, uncanny world where silvery glistening shoals of herring, brilliant red salmon and grim-faced wolffish glide incessantly over gently undulating fields of algae and sea-grasses.

La variété de la flore et de la faune des mers arctiques est stupéfiante. Avec un peu de chance, les participants aux safaris-photos organisés sur les Lofoten et les Vesterålen, pourront capter des baleines à bosses, des épaulards, des rorquals, des cachalots, des morses, des phoques, des marsouins et des dauphins. Et les amateurs de plongée verront dans les profondeurs fabuleuses du monde sous-marin, des bancs de harengs argentés, des saumons rougoyeants, des bars montrant les dents, des algues et des zostères bercées par les courants.

118 Abtauchender Wal vor den Vesterålen/Humpack whale diving/baleine à bosse en train de plonger
119 Springender Buckelwal/Whale surfacing/Une baleine fait surface

Wunderwelt unter Wasser

Underwater wonderland / Monde sous-marin

Die glasklaren Wasser zwischen den Schären, das tiefe Blau in den Fjorden, machen die Helgelandküste Nordlands zu einem idealen Tauchrevier. Neben exotischen Fischen und Meerespflanzen blickt man auf die Zeugen einer bewegten Geschichte, die Tragödien erzählen, auf kleine Fischerboote, die im Sturm untergingen und auf große, von Algen überwachsene Schiffswracks, die auf ein Riff liefen. Das Bild ganz links zeigt einen Heeringsschwarm vor den Lofoten, das nebenstehende Bild Seesterne, die Algen abgrasen, die auf der Steilwand des Vesterfjords wachsen, die 900 m fast senkrecht in die Tiefe fällt.

The Helgeland coast of Nordland is a fascinating area for skin-divers. In the crystal-clear waters between the skerries and in the deep-blue waters of the fjords there are not only all sorts of intriguing fish and sea plants but also tragic reminders of the difficult and dangerous life of those who inhabit the coast. On the sea-bed lie the pathetic remnants of little fishing boats sunk in storms and the great carcasses of ships that have foundered on the treacherous coastal reefs, wrecks that are now overgrown with a thick layer of algae. The photo right shows starfish in Vesterfjord feeding on sub-aquatic algae. The walls of Vesterfjord descend almost vertically for 900 metres underwater.

Les flots clairs entre les écueils, les eaux bleu foncé des fjords font de la côte de Helgeland dans le Nordland un paradis pour les adeptes de plongée sous-marine. Outre des plantes et des poissons fascinants, on découvre de petits bateaux de pêcheurs que les tempêtes ont fait sombrer, et enfouies sous les algues, des épaves de chalutiers qui ont heurté des récifs, témoignages tragiques de l'histoire mouvementée des mers. L'image de gauche montre un banc de harengs devant les Lofoten et celle de droite des étoiles de mers sur les algues qui poussent le long des parois verticales hautes de 900 mètres du Vesterfjord.

120 Unterwasseraufnahme eines Heeringschwarms/Underwater photo of a shoal of herring/Vue sous-marine d'un banc de harengs
121 Seesterne/Starfish/Etoiles de mer

Vesterålen

Eine 1000 m lange und 40 m hohe Brücke über den Tjeldsund verbindet die Inselgruppe der Vesterålen mit dem norwegischen Festland, so daß man mit dem Auto von Narvik bis Harstad und Melbu gelangen kann ohne eine Fähre zu benutzen. Auf den Schären, Sandbänken und Klippen von Langøya, der westlichsten Insel des Archipels, leben Robbenkolonien und vor Andøya kann man Wale und Delphine aus der Nähe beobachten. Sie werden von einer Walzuchtstation bei Andenes betreut.

The Vesterålen islands lie well within the Arctic Circle. Unlike the neighbouring Lofoten islands, they are connected to the mainland by a thousand-metre-long bridge over the Tjelsund, making it possible to drive straight from Narvik to the capital of the Vesterålen, Harstad, and to the southernmost point at Melbu. Langøya, Norway's third largest island and the westernmost of the group, is encircled by rocky islets, sandbanks and cliffs which are frequented by large colonies of seals. Whales and dolphins can be observed at close quarters off Andøya island; they are monitored by a whale breeding station near Andenes.

Un pont haut de 40 mètres et long de 1000 mètres, jeté au-dessus du Tjeldsund, relie les Vesterålen à la terre ferme et permet d'aller en voiture de Narvik à Harstad et à Melbu sans avoir à prendre de bac. Des colonies de phoques vivent sur les écueils, sur les bancs de sable et sur les falaises de Langøya, l'île la plus occidentale de l'archipel. Devant Andøya, on peut observer de près des baleines et des dauphins que surveillent un poste d'élevage de baleines situé près d'Andenes.

122 Langøya, Robben auf einer Sandbank/Seals on a sandbank/ Phoques sur un banc de sable
123 Vesterålen, Tjeldsundbrücke/Tjelsund bridge/ Le pont de Tjelds

Harstad / Lyngenfjord
Tromsø / Kvaengenfjord

Harstad, Hauptort der Vesterålen, erhebt sich terrassenförmig über dem Vagsfjord. Um die Jahrtausendwende galt das Städtchen als einer der wichtigsten Heeringshäfen des Nordens. Heute, da diese Einnahmequelle versiegt ist, tritt die Ölförderung an ihre Stelle. Der Hafen gilt als Basis für alle Bohrungen nördlich des Polarkreises.
Blick aus der Vogelperspektive auf die Stadt Tromsø, die sich über zwei Inseln im Gotsund erstreckt. Der Hafen gilt als Pforte zum Eismeer, seitdem Polarforscher Roald Amundsen, Fridtjof Nansen und Salomon Andrée von hier aus zu ihren Polarexpeditionen aufbrachen (Seite 126).

Harstad, capital of the Vesterålen isles, is situated on a series of terraces above Vagsfjord. About a thousand years ago this town was one of the leading herring ports of the north, but now the fishing industry has suffered a decline and the oil industry has taken its place. Harstad still has fishprocessing plants but is now an industrial town, the home port of the off-shore oil platforms north of the Arctic circle and a centre for shipbuilding and outfitting.
A bird's eye view of Tromsø, which extends over two islands in Gotsund. Ever since the great Polar explorers Roald Amundsen, Fridtjof Nansen and Salomon Andrée set out from Tromsø harbour, it has been regarded as the gateway to the Arctic (page 126).

Harstad, l'agglomération principale des Vesteralen, s'élève en terrasses au-dessus du Vagsfjord. Vers l'an mille, la petite ville était un des principaux ports de pêche au hareng du Grand-Nord. Aujourd'hui, la prospection du pétrole a remplacé le poisson. Harstad est devenu la base de tous les forages effectués au Nord du Cercle Polaire.
Vue aérienne de la ville de Tromsø qui s'étale sur deux îles dans le Gotsund. Le port est la porte de l'Océan Arctique depuis que Roald Amundsen, Fridtjof Nansen et Salomon Andrée en sont partis pour leurs explorations polaires (page 126).

124 Harstad
125 Lyngenfjord
126 Tromsø im Winter/Tromsø in winter/Tromsø en hiver
127 Storsteinen: Wintersport/Winter sports/Sports d'hiver
128 Kvaengenfjord
129 Regenbogen am Kvaengenfjord/Rainbow/Arc-en-ciel

Die Nomaden des Nordens

Nomades of the north / Nomades du Nord

Die Bewohner der Finnmark nennen sich Samen. Sie folgen in ihren farbenfrohen Gewändern ihren Rentierherden über die Tundren Norwegens, Schwedens, Finnlands. Ihr Ursprung liegt irgendwo im asiatischen Teil Rußlands. Vor Jahrhunderten gelangten sie in die Nordkalotte Skandinaviens. Sie halten sich weder an Staatsgrenzen, noch wollen sie seßhaft werden. Heute leben jedoch die meisten als Bauern, Fischer oder arbeiten in der Forstwirtschaft. Wer sich für das ursprüngliche samische Leben interessiert, sollte die Gemeinden Karasjok und Kautokeino besuchen. Dort gibt es neben den typischen Lappenzelten auch Handwerksbetriebe, in denen der lappländische Silberschmuck hergestellt wird.

Centuries ago the Laplanders migrated from the steppes of Asia to Finnmark, in the far north of Scandinavia. For a long time they continued to lead their time-honoured nomadic existence and even now there are parts of Finnmark where Lapps can still be found in colourful costumes, following their reindeer herds across the tundra of Norway, Sweden and Finland and disregarding frontiers just as their forefathers did. The majority are, however, no longer itinerant, but make a living as farmers, fishermen or lumberjacks. Examples of original Lapp culture can be found in Karasok and Kautokeino, where there are typical nomad tents and workshops where traditional silver jewellery is still made.

Les Lapons du Finnmark se surnomment "Samenes". Revêtus d'habits aux couleurs vives, ils suivent leurs troupeaux de rennes dans les toundras de Norvège, de Suède et de Finlande. Originaires des régions asiatiques de la Russie, ils sont arrivés il y a des siècles au Nord de la Scandinavie. Pendant longtemps, ils ont ignoré les frontières et refusé de renoncer à leur existence nomade. Mais aujourd'hui, la plupart des Lapons sont devenus sédentaires et vivent de l'agriculture, de la pêche ou de l'exploitation forestière. Les communes de Karasjok et de Kautokeino sont les hauts lieux de la culture laponne. Outre les tentes typiques, on peut y voir la fabrication de bijoux en argent.

130 Weißes Ren/White reindeer/Renne blanc
131 Karasjok: Samensiedlung/Lapp settlement/Vie laponne

Rentier-Herde

Reindeer / Troupeaux de rennes

Im Sommer lebt das Ren frei und wild in der Finnmark, zieht von Futterplatz zu Futterplatz und wird nur gelegentlich von seinem Besitzer kontrolliert, damit keines der Tiere verloren geht, denn die Rentierherden sind Reichtum der Samen. Im Herbst fangen sie ihre Herden ein, teilen sie in Schlacht-, Zucht- und Arbeitstiere. Vor den Zelten häufen sich die Geweihe, die Häute. Es wird gehandelt, verkauft und von dem Erlös der Wintervorrat besorgt. Doch bevor der lange Winter beginnt und die Landschaft mit seinem dichten Schneekleid bedeckt, wird nocheinmal ausgiebig gefeiert.

In summer the reindeer of Finnmark roam free in the wild, grazing the land then moving on to new pastures. Occasionally the owners inspect their herds to check that no animal is missing, for the fortunes of the Lapps largely depend on the number of reindeer they possess. In autumn the herds are rounded up and the fate of each animal decided. Some will be used for breeding, some for work and some will be slaughtered. Antlers and reindeer skins are heaped in front of tents and the nomads spend their time bargaining and selling. The earnings will be spent on stocking up for the long nights to come, but before the polar winter finally sets in, there is plenty of time for lavish celebrations.

Durant l'été, les troupeaux de rennes vivent en liberté sur les vastes étendues du Finnmark, surveillés seulement de temps à autre par leurs propriétaires respectifs dont ils sont toute la richesse. En automne, les animaux sont capturés et regroupés pour l'élevage, l'abattage ou pour servir de bêtes de somme. Les ramures et les peaux s'entassent devant les tentes. Le marchandage et la vente vont bon train; l'argent gagné servira à acheter les provisions d'hiver. Mais de grandes réjouissances auront lieu avant que le long hiver ne recouvre le paysage d'une épaisse couche de neige.

132 Rentierherde in der Finnmark /Reindeer herds/ Troupeau de rennes

133 Schlittenfahrt in Lappland /Winter sledge ride/ Randonnée en luge à Kautokeino

Lappland: Natur pur

Lapland: the last wilderness / La Laponie

Ganz im Norden Europas scheint die Welt noch intakt. Wir atmen reine, staubfreie Luft, blicken in glasklare Fjorde, schöpfen unser Trinkwasser aus sauberen Bächen und Seen, pflücken Kräuter und Beeren, die wir hier ungewaschen essen können. Doch schon droht Gefahr, das Ozonloch breitet sich aus. Es ist zu befürchten, daß auch diese heile Welt gefährdet ist. Im Bild links der Lyngenfjord mit Birken und Moosbeeren, rechts: Flundern, die bei Lakselv zum Trocknen aufgehängt worden sind. Schnurgerade durchschneidet das Asphaltband der Eismeerstraße das Nordland von Trondheim bis nach Kirkenes. Etwas abseits liegt Hammerfest, die nördlichste Stadt der Welt (Seite 137).

At first sight the far north of Europe seems quite untouched by pollution. The air is pure and clean, the water in the fjords is crystal clear and one need have no qualms about drinking water straight from streams and lakes, or eating freshly-picked, unwashed herbs and berries. How long this will last is anyone's guess, for danger lurks in the air and the ozone layer above the Pole is gradually diminishing. - Hammerfest, the world's most northerly town, shares its latitude with the tip of Alaska. Here the sun does not set for two months in summer and does not rise for two months in midwinter. In 1891 Hammerfest became the first town in Europe to install electric street lighting (p.137).

Le monde est encore intact au Nord de l'Europe. On respire un air pur; le regard plonge dans les flots transparents des fjords; on boit l'eau fraîche des torrents et des lacs; on mange sans avoir à les laver les fruits et les baies sauvages que l'on vient de cueillir. Mais le "trou" de la couche d'ozone s'agrandit et il est à craindre que ce dernier bastion d'une nature inviolée ne tombe aussi un jour. L'image de gauche montre le Lyngenfjord avec des bouleaux et des arbustes de canneberges. A gauche, les flets sont mis à sécher près du village de Lakselv. Le long ruban d'asphalte de la route de l'Océan Arctique traverse les paysages magnifiques de l'Extrême-Nord jusqu'à Kirkenes. Hammerfest, la ville la plus septentrionale du monde, est située un peu à l'écart de la E6 (page 137).

134 Lyngenfjord
135 Trockenfisch bei Lakselv/Flounder drying near Lakselv/ Poisson séché à Lakselv
136 Eismeerstraße/Cotton grass on the Artic Highway/ Prés de linaigrettes au bord de la E6
137 Hammerfest

E6

Winter in der Finnmark

Winter in Finnmark / L'hiver dans le Finnmark

Der Winter in der Finnmark ist hart, lang und kalt. Die Polarnacht dauert zwei Monate. In dieser Zeit formt die Natur wahre Meisterwerke aus Rauhreif, Eis und Schnee. Auch die frühen Siedler dieser Gegend betätigten sich als Künstler. Sie ritzten in die Felsen von Hjemmeluft bei Alta naturgetreue Skribblebilder, die Bären, Elche, Fische und Rentiere darstellen und Menschen bei der Jagd, beim Tanz, bei kultischen Handlungen. Auf einem Rundgang durch den Museumspark kann der Besucher eine Anzahl der auf 3000 geschätzten Felsenzeichnungen betrachten, die zwischen 2000 und 6000 Jahre alt sind.

Winter in Finnmark is long, hard and cold. The polar night lasts for two months, a time in which nature takes the opportunity to carve strange masterpieces, abstract sculptures in frost, ice and snow. The prehistoric settlers in this area contributed their own works of art to the landscape by carving graffiti into the rock faces of Hjemmeluft, near Alta. The subjects include lifelike representations of bears, moose, fish and reindeer and human figures engaged in hunting, dancing and performing religious rites. In all there are about three thousand of these remarkable carvings, which have now been incorporated into a museum park. Estimates of their age vary from 2,000 to 6,000 years old (p. 140).

Les hivers dans le Finnmark sont durs, longs et froids. La nuit polaire dure deux mois. Durant cette époque, la nature crée de véritables oeuvres d'art en givre, glace et neige. Les anciens habitants de ces régions étaient aussi des artistes comme en témoignent les peintures rupestres de Hjemmeluft près de Alta qui figurent des ours, des élans, des poissons et des rennes ainsi que des hommes à la chasse, dans des danses et des cérémonies religieuses. Les quelque 3000 peintures datant de 2000 à 6000 ans avant notre ère, sont classées monuments de la préhistoire depuis 1985.

138 Alta, Zugefrorener See/Frozen lake/Lac gelé
139 Eisbach Altaelv/Ruisseau glacé
140/141 Alta, Felsenbilder von Hjemmeluft/Prehistoric graffiti Peintures rupestres de Hjemmeluft
142/143 Nordkap/Nordkapp/Cap-Nord

Nordkap

North Cape / Cap-Nord

Bei Olderfjord zweigt eine gutausgebaute Nebenstraße von der Eismeerstraße ab nach Kåfjord, wo die Autos auf die große Nordkapfähre Richtung Honningsvåg verladen werden. Der Andrang an der Anlegestelle ist groß, weil sich kein Besucher Lapplands den Ausflug aufs Nordkap nehmen lassen will. Das Bild links zeigt das schroffe Nordkapplateau, das sich steil aus dem Eismeer erhebt. Oben auf der Aussichtsplattform befinden sich ein Globusskelett, durch das die Mitternachtsonne ihre Strahlen wirft. Rentierherden durchstreifen im Sommer unbewacht die Inseln nach neuen Futterplätzen, in den Wintermonaten werden die Tiere in Corrals zusammengetrieben.

At Olderfjord, on the Arctic Route, a well-made road branches off to Kåfjord, from where cars are loaded onto the sizable North Cape ferry to Honningsvåg. At the harbour there are crowds of people waiting to go on board, for nobody who visits Lapland wants to miss the trip to North cape.
This aerial view shows the rugged plateau of North cape jutting steeply out of the Arctic Ocean. Up on the lookout platform there is the skeleton of a globe especially placed to catch the rays of the midnight sun. Lapp reindeer herds roam freely over the island until winter, when they are rounded up and kept in enclosures like domestic cattle.

Pour arriver au Cap-Nord, on prend la route 95 à Olderfjord jusqu'à Kåfjord et puis un des grands bacs du Cap-Nord qui transportent les voitures à Honningsvåg. Une foule énorme se presse sur les quais car le cap légendaire est au programme de tous les visiteurs de la Laponie.
La vue aérienne montre le plateau escarpé du Cap-Nord qui tombe à pic dans l'Océan Arctique. En haut, sur la terrasse panoramique, se dresse un globe que traversent les rayons du soleil de minuit. Les troupeaux des Lapons paissent encore en liberté sur l'île. Ce n'est qu'au plus profond de l' hiver qu'ils seront rassemblés dans des parcs.

144 Nordkap bei Mitternachtssonne/Nordkapp from the air/ Vue aérienne du Cap-Nord
145 Rentierherde im Winter/Reindeer herds in winter/ Troupeaux de rennes en hiver

Kirkenes

In der kleinen Stadt Kirkenes, in der östlichen Finnmark an der russischen Grenze, enden alle Wege, die E 6, die Eismeerstraße ebenso wie das Streckennetz der Postschiffe Hurtigrouten. Die Flüsse, Gebirgsbäche und Seen Lapplands sind reich an Fischen, besonders an Lachsen und Forellen. Wer einen Angelschein besitzt, darf in jedem der 28 000 Seen seine Angelroute auswerfen. Trotzdem ist ein Fang, wie auf unserem Bilde rechts, ein Glücksfall.

All roads end at the little mining town of Kirkenes, on the eastern edge of Finnmark, for here we reach the Russian border. The great E6 Arctic Highway stops here, and Kirkenes is also the terminus of the Hurtigruten, the efficient supply ships that sail regularly from Bergen around the coast of Norway and back again. The rivers, mountain streams and lakes of Lapland are well stocked with fish, especially salmon and trout, although those who wish to cast a line into one of the area's 28,000 lakes require a fishing licence and a good deal of luck.

C'est dans la petite ville minière de Kirkenes, située à l'Est de la Norvège sur la frontière russe que tous les chemins se terminent: la E6, la route de l'Océan Arctique et le réseau maritime de l'Express Côtier. Les fleuves, rivières de montagnes et lacs de la Laponie abondent en poisson, surtout en saumons et en truites. Les visiteurs en possession d'un permis de pêche pourront jeter leurs lignes dans les quelque 28 000 lacs de la région. Toutefois, une telle prise comme celle montrée sur la photo de droite est plutôt rare.

146 Kirkenes
147 Lappland, Lachsfischer/Salmon fishing in Lapland/Pêcheur de saumons en Laponie
148/149 Spitzbergen, Walrösser/Walrusses/Morses

Svalbard/Spitzbergen

Die Wikinger nannten die Inselgruppe im nördlichen Eismeer Svalbardi fundinn - kalte Küste - . Nur auf der Hauptinsel Spitzbergen befinden sich bei Isfjord einige Siedlungen. Der weitaus größte Teil des 62.700 qkm großen Areals ist unbewohnt, ein Paradies also für arktische Tiere, für Walrosse, Robben und Eisbären, die ungekrönten Könige im Packeis. Bis vor 20 Jahren wurde Meister Petz intensiv gejagt, seit 1976 besteht ein striktes Abschußverbot. Jagdlizenzen werden - wenn überhaupt - nur an Polarbewohner (Eskimos) vergeben.

The Vikings named this group of islands in the Arctic 'Svalbardi fundinn', the cold coast. There are only a few tiny settlements here, all of them on the main island of Spitzbergen near Isfjord. Most of the area, which covers a total of 62,700 square kilometres, is uninhabited and is therefore a paradise for arctic fauna such as walruses, seals and of course polar bears, the uncrowned kings of the pack ice. These magnificent animals were ruthlessly hunted up to twenty years ago, but now polars bears are a protected species. The few hunting licences available are only given to Eskimos who live in the area.

Les Vikings appelaient "Svalbardi Fundinn" -côtes froides- l'archipel qui s'étend dans l'Océan Arctique. Seule l'île principale de Spitzbergen est habitée: quelques agglomérations se groupent près du Isfjord. Le reste de la région désertique de 62 700 km est un véritable paradis pour la faune arctique, pour les morses, les phoques et les ours polaires, rois incontestés des banquises. On les chassait encore il y a vingt ans, mais ils sont strictement protégés depuis 1976. Quelques très rares permis de chasse sont encore accordés aux Esquimaux qui vivent sur les îles.

150/151 Eisbären auf Treibeisscholle/Polar bears on ice floe/ Ours polaires sur une banquise

KONG OLAV

Finale in Eis

Vom Skagerak bis Spitzbergen reicht Norwegens Hoheitsgebiet, eine Nordsüdausdehnung von nahezu 3.000 km. Mensch und Tier leben unter den extremen Bedingungen am Rande des ewigen Eises. Zwischen den schwarzen Bergspitzen schieben sich gewaltige Gletschermassen in den Magdalenenfjord von Spitzbergen vor. Davon brechen Eisberge und Eisschollen ab, die durch die Barentssee treiben. Die Polarnacht dauert hier oben, 1.000 km vom Nordpol entfernt, 3 Monate, der Sommer vom 21. April bis 21. August. Aber auch die wärmenden Strahlen der Mitternachtssonne reichen nicht aus, um den 300 m tief gefrorenen Boden nachhaltig aufzutauen. Über Norwegen, über den Inselgruppen der Lofoten, der Vesterålen, liegt noch immer ein Hauch von Abenteuer und Freiheit, der in unserer total durchorganisierten Welt verlorengegangen ist.

From Skagerrak in the south to Spitzbergen in the north, Norway measures 3.000 kilometres as the crow flies. Both animals and humans have learnt to survive in the extreme Arctic conditions. Between the black peaks vast glaciers descend from Spitzbergen into Magdalenenfjord, where chunks of ice break off to form icebergs and floes that float off through the Barents sea. At this latitude, only 1.000 km from the North Pole, the polar night lasts three months and midsummer's day lasts from April 21st to August 21st. The warmth of sun's rays is only sufficient to thaw a thin layer of the 300 metre-thick permafrost. North Norway offers its visitors a rare taste of adventure and freedom that have long since been lost to our highly organised world.

La Norvège s'étend sur 3.000 kilomètres du Skagerrak dans le Sud à l' île de Spitzbergen dans l'Océan Arctique. Les hommes et les bêtes vivent dans des conditions extrêmement rudes à la frontière du royaume des glaces. Les masses des glaciers s'avancent dans le Magdalenenfjord entre les pics sombres des montagnes. Les blocs de glace et les icebergs qui s'en détachent dérivent sur la mer de Barents. A cet endroit, éloigné de 1000 km du Pôle Nord, la nuit polaire dure trois mois et l'été du 21 avril au 21 août. Mais même la chaleur bienfaisante du soleil de minuit ne réussit qu'à réchauffer momentanément le sol gelé jusqu'à 300 mètres de profondeur. Un souffle d'aventure et de liberté flotte encore sur la Norvège septentrionale, sur les îles Lofoten et Vesterålen; un souffle que notre monde entièrement organisé, ne connaît plus.

152 Spitzbergen, Kreuzfahrtschiff/Cruise liner/
Navire de croisière devant Spitzbergen

BILDNACHWEIS / mention of sources used / indication de la source

Gerold Jung	Seiten:	41 (4), 45, 49, 51, 53, 77 (2), 78, 79, 80, 81, 84, 87, 94, 98, 99, 102/103 (7), 106, 108/109, 110, 112, 113, 114, 125, 128, 129, 131 (4), 134, 135, 136, 137, 138, 139, 141, 142
Fridmar Damm		Titelbild, 42/43, 46, 47, 48, 50, 54, 55, 57 u. Rücktitel, 58, 61, 62, 63, 68, 69 (2), 71, 72, 73, 74, 83, 85, 86, 88, 89, 90 (3), 91, 92, 95, 123
Aune Vorlag AS		41 (4), 44, 60, 65, 66, 67, 96, 97, 100, 101, 102 (1), 104, 105, 115, 116, 117, 124, 126, 127, 130, 131 (1), 133, 143, 144, 145, 146, 147, 148, 149, 150, 152
Dr. C. Nowak		41 (2), 59, 75, 76, 107, 111
Nordis picture pool		90 (1), 122, 131 (1), 132, 140
Zefa-Bildarchiv		64, 118, 119, 151
Ikan-Unterwasserarchiv		120, 121, 150
Fjellanger Windrose AS		52, 82
Archiv Ziethen-Verlag:		Historische Karten (F. v. Stülpnagel 1856) auf den Vor- und Nachsatzseiten, aus Stieler's Hand-Atlas Zwei alte Stiche im Textteil entstammen dem Buch „Bildersaal Deutscher Geschichte"

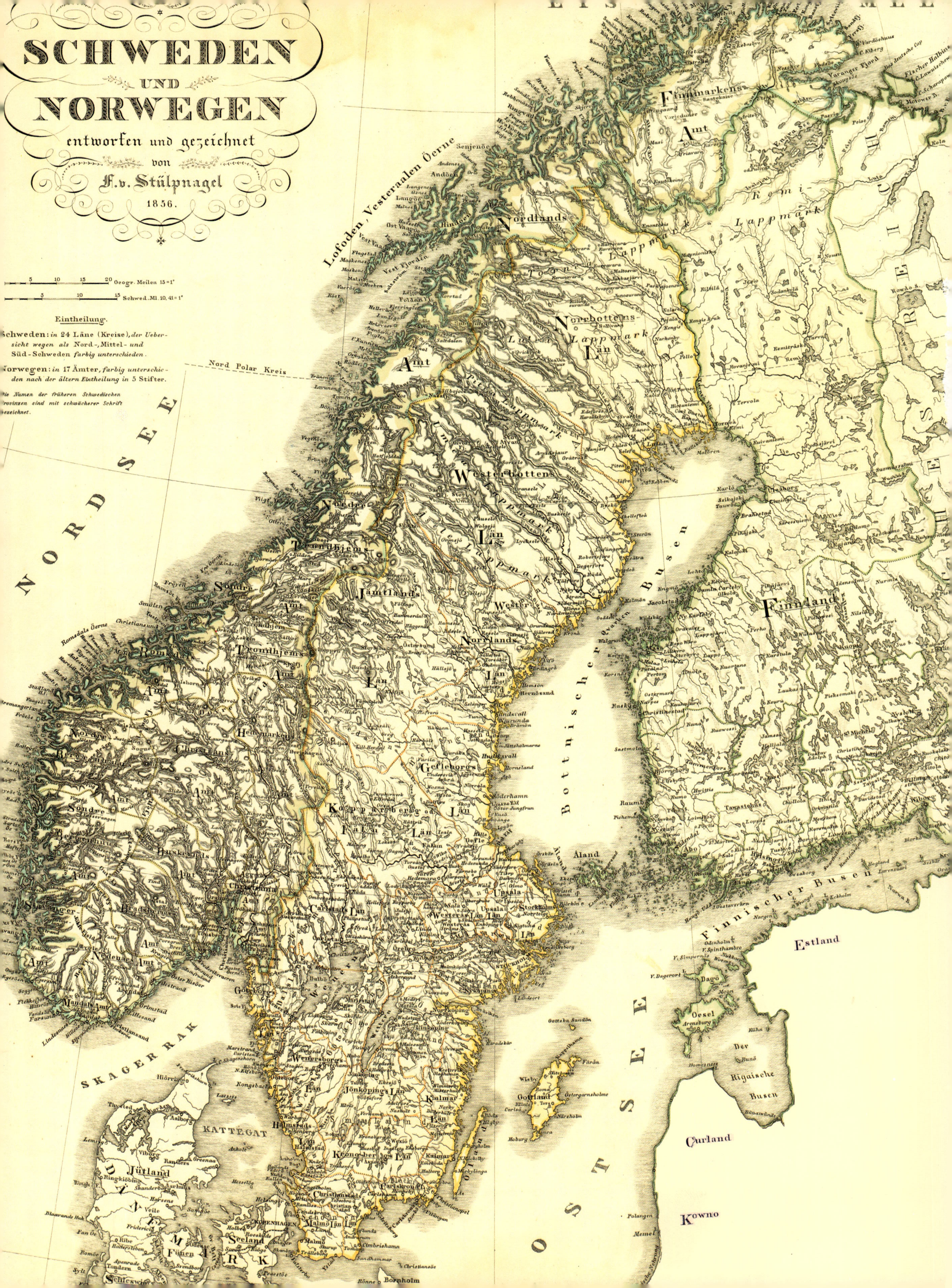
SCHWEDEN
UND
NORWEGEN
entworfen und gezeichnet
von
F. v. Stülpnagel
1856.
Geogr. Meilen 15 = 1°
Schwed. Ml. 10,41 = 1°
Eintheilung.
Schweden: in 24 Läne (Kreise), der Uebersicht wegen als Nord-, Mittel- und Süd-Schweden farbig unterschieden.
Norwegen: in 17 Ämter, farbig unterschieden nach der ältern Eintheilung in 5 Stifter.
Die Namen der früheren Schwedischen Provinzen sind mit schwächerer Schrift bezeichnet.
Nord Polar Kreis
NORD SEE
OSTSEE
SKAGER RAK
KATTEGAT
Bottnischer Busen
Finnischer Busen
Rigaische Busen
Lofoden, Vesteraalen Örne
Finnmarkens Amt
Nordlands Amt
Norrbottens Län
Westerbottens Län
Jämtlands Län
Finnland
Estland
Curland
Kowno
Oesel
Dagö
Gottland
Åland
Bornholm
Seeland
Fünen
Jütland
KOPENHAGEN
Christiania
Stockholm
Upsala
Tromsø
Trondhjems Amt
Hedemarkens Amt
Christians Amt
Bergenhus Amt
Kalmar Län
Jönköpings Län
Westeråss Län
Carlstads Län
Gefleborgs Län
Kopparbergs Län
Helsingborg